드림중국어 중국 어린이 시 100

(창의력을 키우는 시)

梦想中国语 儿童原创诗歌 100

（培养孩子创造力的诗）

드림중국어 중국 어린이 시 100 (창의력을 키우는 시)

梦想中国语 儿童原创诗歌 100 (培养孩子创造力的诗)

종이책 발행   2020 년 10 월 01 일
전자책 발행   2020 년 10 월 01 일

편저:	류환
디자인:	曹帅
발행인:	류환
발행처:	드림중국어
주소:	인천 서구 청라루비로 93, 7 층 703 호
전화:	032-567-6880
이멜:	5676888@naver.com
등록번호:	654-93-00416
등록일자:	2016 년 12 월 25 일

종이책 ISBN: 979-11-90074-51-3 (13720)
전자책 ISBN: 979-11-90074-53-7 (15720)

값: 29,800 원

因能力有限，部分作者始终无法取得联系。敬请见本书后与我们联系，以便敬奉稿酬。
이책은 저작권법에 따라 보호받는 저작물이므로 무단복제나 사용은 금지합니다. 이 책의 내용을 이용하거나 인용하려면 반드시 저작권자 드림중국어의 서면 동의를 받아야 합니다.
잘못된 책은 교환해 드립니다.

梦想中国语 儿童诗

<목 록>

1. 没收 Mòshōu 몰수 1

2. 爸爸和妈妈 Bàba hé māmā 아빠와 엄마 2

3. 白天与黑夜 Báitiān yǔ hēiyè 낮과 밤 3

4. 成都 Chéngdū 성도 (중국 도시 이름) 4

5. 成熟 Chéngshú 성숙 5

6. 春风 Chūnfēng 봄 바람 6

7. 打仗 Dǎzhàng 전쟁 7

8. 小树和大鸟 Xiǎo shù hé dà niǎo 작은 나무와 큰 새 8

9. 胆小的种子 Dǎn xiǎo de zhǒngzǐ 겁 많은 씨앗 9

10. 灯 Dēng 등 10

11. 低调 Dīdiào 겸손 11

12. 电线杆 Diànxiàn gān 전봇대 13

13. 钓鱼 Diàoyú 낚시 14

14. 订货 Dìnghuò 주문 15

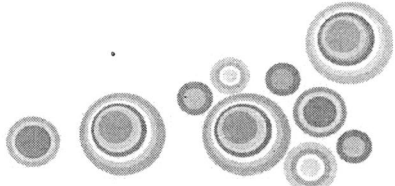

15. 飞鸟集《精选》 Fēiniǎo jí "jīng xuǎn" 길 잃은 새 <특집>......................16

16. 风在算钱 Fēng zài suàn qián 돈을 세는 바람 17

17. 古诗 Gǔshī 고전 시 18

18. 光 Guāng 빛 19

19. 很多 Hěnduō 많음 20

20. 花纹 Huāwén 꽃무늬 21

21. 换牙 Huànyá 이갈이 22

22. 流星 Liúxīng 별똥별 23

23. 妈妈把灯拉灭了 Māmā bǎ dēng lā mièle 엄마가 불을 껐다 24

24. 我慢慢吃饭 Wǒ màn man chīfàn 천천히 먹기 25

25. 梦 Mèng 꿈 26

26. 秘密 Mìmì 비밀 27

27. 母亲 Mǔqīn 어머니 29

28. 目光 Mùguāng 눈빛 31

29. 诗是什么 Shī shì shénme 시는 뭘까 32

30. 我是使爸妈衰老的诸多事件之一 Wǒ shì shǐ bà mā shuāilǎo de zhūduō shìjiàn zhī yī 나는 부모님을 노쇠 시키는 것들 중 하나..............................33

31. 死后变成蝴蝶 Sǐ hòu biàn chéng húdié 죽은 후에 나비가 되다 34

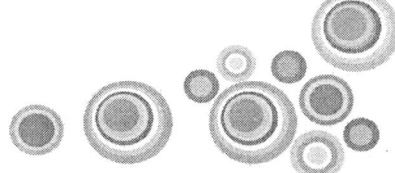

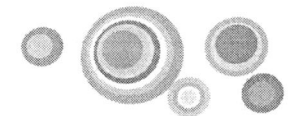

32. 台风爷爷 Táifēng yéyé 태풍 할아버지 35

33. 挑妈妈 Tiāo māmā 엄마 고르기 36

34. 为什么我在卧铺车厢容易写诗 Wèishéme wǒ zài wòpù chēxiāng róngyì xiě shī 나는 왜 기차의 침대 칸에서 시를 잘 짓는가? 37

35. 蜗牛 Wōniú 달팽이 38

36. 我爱你 Wǒ ài nǐ 나는 당신을 사랑한다 39

37. 我画的树太漂亮了 Wǒ huà de shù tài piàoliangle 내가 그린 나무는 너무 예쁘다 40

38. 我希望 Wǒ xīwàng 나는 희망한다 41

39. 我想变 Wǒ xiǎng biàn 나는 되고 싶다 42

40. 小朋友 Xiǎopéngyǒu 어린이 43

41. 幸福 Xìngfú 행복 44

42. 眼睛 Yǎnjīng 눈 45

43. 眼泪不值钱 Yǎnlèi bù zhíqián 눈물은 값이 없다 46

44. 爷爷 Yéyé 할아버지 47

45. 爷爷 Yéyé 할아버지 48

46. 一粒种子 Yí lì zhǒngzǐ 한 개의 씨앗 49

47. 一如既往的夏天 Yìrújìwǎng de xiàtiān 예전과 다름없는 여름 51

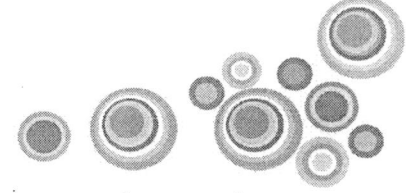

48. 原创 Yuánchuàng 오리지널...52

49. 捉迷藏 Zhuōmícáng 숨바꼭질..53

50. 爸爸的职业 Bàba de zhíyè 아버지의 직업................................54

51. 半口人 Bàn kǒu rén 반명의 식구..55

52. 不光人有生命 Bùguāng rén yǒu shēngmìng 인간만 생명을 갖는 것이 아니다..56

53. 长大 Zhǎng dà 자라기..57

54. 炒星星 Chǎo xīngxing 별 볶음..58

55. 大人？小孩？ Dàrén? Xiǎohái? 어른이? 어린이?......................59

56. 读诗 Dú shī 시 읽기..61

57. 风的脚印 Fēng de jiǎoyìn 바람의 발자국..................................62

58. 孤独 Gūdú 외로움..63

59. 黑板 Hēibǎn 칠판..64

60. 黑色 Hēisè 검은색..65

61. 回到地面 Huí dào dìmiàn 바닥으로 돌아가기..........................66

62. 火箭 Huǒjiàn 로켓..67

63. 快乐 Kuàilè 즐거움..68

64. 老虎 Lǎohǔ 호랑이..69

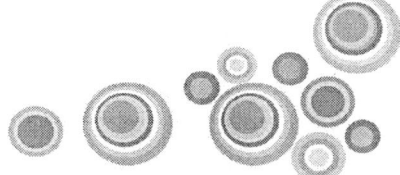

65. 友谊 Yǒuyì 우정 70

66. 苹果 Píngguǒ 사과 72

67. 我不感谢妈妈 Wǒ bù gǎnxiè māma 엄마에게 감사하지 않다 73

68. 我发现（之二） Wǒ fāxiàn (zhī èr) Wǒ fāxiàn (zhī èr) 나의 발견 2 75

69. 我发现（之一） Wǒ fāxiàn (zhī yī) 나의 발견 1 76

70. 乌云 Wūyún 비구름 77

71. 悟 Wù 깨달음 78

72. 夏天的颜色 Xiàtiān de yánsè 여름의 색 79

73. 香烟幽灵 Xiāngyān yōu líng 담배 유령 80

74. 阳光-影子 Yángguāng yǐngzi 햇살-그림자 81

75. 爷爷生气了 Yéyé shēngqìle 화나신 할아버지 82

76. 勇气 Yǒngqì 용기 83

77. 两个名字 Liǎng gè míngzì 이름 두 개 84

78. 灵感（二） Línggǎn (èr) 영감 (2) 85

79. 灵感（一） Línggǎn (yī) 영감 (1) 87

80. 没有钥匙 Méiyǒu yàoshi 열쇠 없음 88

81. 梦的颜色 Mèng de yánsè 꿈의 색깔 89

82. 秘密 mìmi 비밀 91

83. 叛逆期 pànnìqī 사춘기 92

84. 骗子 xiào piànzi 사기꾼 93

85. 鱼 yú 물고기 95

86. 宇宙 yǔzhòu 우주 96

87. 宇宙的诞生 Yǔzhòu de dànshēng 우주의 탄생 97

88. 月亮 yuèliang 달 98

89. 早晨（之一） Zǎochén (zhī yī) 아침 (일) 99

90. 坐火车 zuò huǒchē 열차 타기 100

91. 风 Fēng 바람 102

92. 请求 Qǐngqiú 요구 103

93. 秋游 qiūyóu 가을 여행 104

94. 如果我是一个气球 Rúguǒ wǒ shì yígè qìqiú 만약 내가 풍선이라면 105

95. 三个小鸡蛋 Sān gè xiǎo jīdàn, 작은 계란 3개 107

96. 书包和书 Shūbāo hé shū 가방과 책 108

97. 说明书 shuōmíngshū 설명서 109

98. 心里话 Xīn lǐ huà 마음속의 말 110

99. 生气 shēngqì 화나다 112

100. 时间 Shíjiān 시간 113

梦想中国语 儿童诗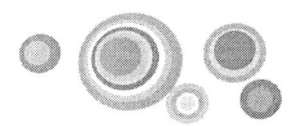

Mòshōu
1 没收 몰수

Dēngguāng mòshōule hēi'àn,
灯光没收了黑暗，　　　　　　　　　　　빛은 어두움을 몰수했고

xuéxí mò shōu liǎo wúzhī.
学习没收了无知。　　　　　　　　　　　공부는 무식함을 몰수했다.

Jítā mòshōule wǒ de wúliáo,
吉他没收了我的无聊，　　　　　　　　　기타는 내 무료함을 몰수했고

yīnyuè mòshōule wǒ de jìmò.
音乐没收了我的寂寞。　　　　　　　　　음악은 내 외로움을 몰수한다.

Gōngzuò mòshōule bàba de péibàn,
工作没收了爸爸的陪伴，　　　　　　　　일은 아빠와 함께할 시간을 몰수했고

wǒ hé gēge,
我和哥哥，　　　　　　　　　　　　　　나와 오빠는

mòshōule māma de shíjiān.
没收了妈妈的时间。　　　　　　　　　　엄마의 시간을 몰수했다.

Zuòzhě:Yígè jítā shè èr niánjí xiǎo xuéyuán
作者：一个吉他社二年级小学员

저자: 어느 기타 동아리의 2학년 학생

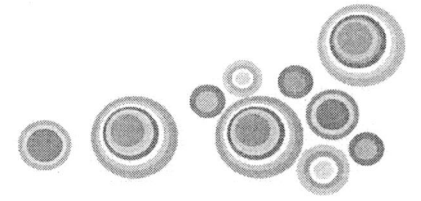

梦想中国语 儿童诗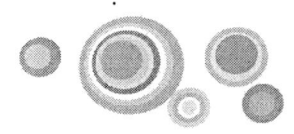

Bàba hé māmā
2 爸爸和妈妈 아빠와 엄마

A! Wǒ de māmā měi rú xiānhuā,
啊！我的妈妈美如鲜花， 아! 우리 엄마는 꽃처럼 예쁘고,

a! Wǒ de bàba chǒu rú níbā.
啊！我的爸爸丑如泥巴。 아! 우리 아빠는 흙처럼 못생겼다.

Yí! Wèihé māmā àizhe bàba?
咦！为何妈妈爱着爸爸？ 어? 엄마는 왜 아빠를 사랑하지?

Āi! Yīnwèi huā lí bù kāi níbā!
哎！因为花离不开泥巴！ 어! 꽃은 흙과 뗄 수 없는 사이이기 때문이다!

Zuòzhě Yígè èr niánjí de xiǎoxuéshēng
作者：一个二年级的小学生

저자: 어느 2학년 초등학생

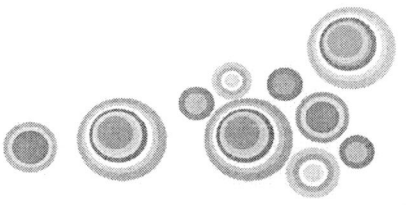

梦想中国语 儿童诗

Báitiān yǔ hēiyè
3 白天与黑夜 낮과 밤

Wǒmen dōu
我们都   우리는 모두

bù xǐhuān báitiān
不喜欢白天   낮을 싫어한다.

báitiān shǔyú duōshù rén
白天属于多数人   낮은 많은 사람들에게 소유되어진다.

báitiān shì miànjù pīfā shìchǎng
白天是面具批发市场   낮은 가면 도매시장이다.

gèng zhòngyào de shì
更重要的是   가장 중요한 것은

báitiān méi shīrén
白天没诗人   낮에는 시인이 없고,

bú shìyí liáo shī
不适宜聊诗   시를 이야기하는 것이 어울리지 않다는 것이다.

Zuòzhě Yáomíngqí
作者: 姚铭琦

저자: 야오밍기

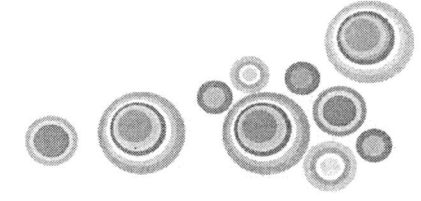

梦想中国语 儿童诗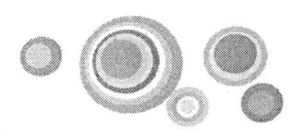

        Chéngdū
4　成都　성도 (중국 도시 이름)

Chéngdū shì yígè móshù shī
成都是一个魔术师　　　　　　　　성도는 마술사이다.

báitiān de shíhou bǎ bàba cáng qǐlái
白天的时候把爸爸藏起来　　　　　낮에는 아빠를 숨기고,

wǎnshàng cái huì bǎ bàba biàn chūlái
晚上才会把爸爸变出来　　　　　　밤에는 아빠를 나타나게 한다.

wǒ yǒu yígè mèngxiǎng
我有一个梦想　　　　　　　　　　나는 하나의 꿈이 있다.

móshù shī néng bǎ wǒ hé bàba
魔术师能把我和爸爸　　　　　　　마술사가 나랑 아빠를

yìqǐ biàn zǒu
一起变走　　　　　　　　　　　　같이 숨기면,

jiù kěyǐ hé bàba zài yìqǐle
就可以和爸爸在一起了　　　　　　그렇게 하면 아빠랑 함께 있을 수 있겠다.

Zuòzhě Yí wèi 10 suì de xiǎoxuéshēng
作者：一位10岁的小学生

저자: 어느 10 살 초등학생

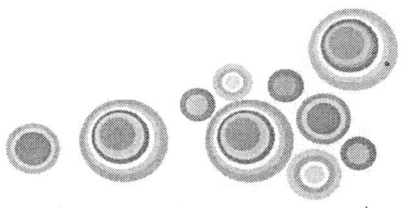

梦想中国语 儿童诗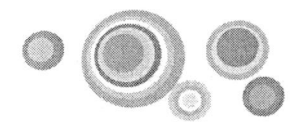

Chéngshú
5　成熟　성숙

Xiǎoshíhou xǐhuān shǔ xīngxing
小时候喜欢数星星　　　　　　　　　어린 시절 별을 세는 것을 좋아했으나

zhǎng dà hòu zhǐ xǐhuān kàn xīngxing
长大后只喜欢看星星　　　　　　　　커서는 별을 보는 것만 좋아한다.

xiǎoshíhou shénme dōu shuō gěi fùmǔ tīng
小时候什么都说给父母听　　　　　　어린 시절 무엇이든지 부모님께 알려 드렸으나

zhǎng dà hòu zhǐ qiāoqiāo gàosù xīngxing
长大后只悄悄告诉星星　　　　　　　커서는 살그머니 별한테만 말해 준다.

Zuòzhě　Huánglìtíng
作者：　黄莉婷

저자：　황이정

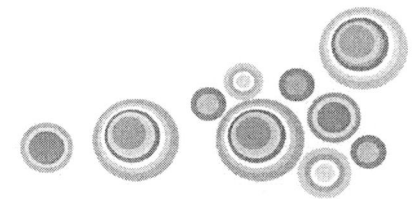

梦想中国语 儿童诗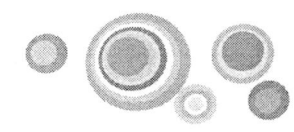

Chūnfēng
6　春风　봄 바람

Fēng chuī luànle 风吹乱了	바람이 나의
wǒ de xiù fà 我的秀发	아름다운 머리카락을 흐트러뜨린다.
yīnwèi tā zài 因为她在	바람이 나의 아름다움을
jìdù wǒ de měi 忌妒我的美	질투하나 보다.

Zuòzhě　Bái zhēn yī fán
作者:　白贞一凡
저자:　백진일범

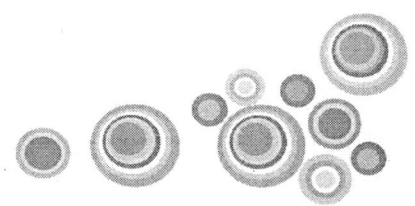

梦想中国语 儿童诗

7 打仗 （Dǎzhàng） 전쟁

假如我 (Jiǎrú wǒ)	만약에 내가 전쟁이 일어나는
生活在战争的年代 (shēnghuó zài zhànzhēng de niándài)	시대에 살고 있었다면
别人冲在前线 (biérén chōng zài qiánxiàn)	남들이 전방에 나가서 싸우고 있을 때
我就只能在旁边 (wǒ jiù zhǐ néng zài pángbiān)	나는 옆에서
喊加油 (hǎn jiāyóu)	응원밖에 할 줄 모를 것이다.

作者：石薇拉 (Zuòzhě Shí wēi lā)

저자: 석미라

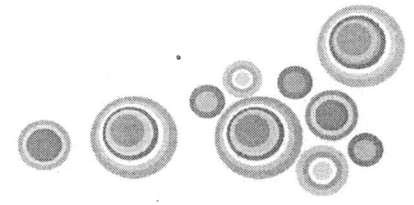

梦想中国语 儿童诗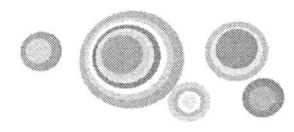

Xiǎo shù hé dà niǎo
8 小树和大鸟 작은 나무와 큰 새

Wǒ shì yì kē xiǎo shù
我是一棵小树   나는 작은 나무이고,

māma shì yì zhǐ dà niǎo
妈妈是一只大鸟   엄마는 큰 새이다.

dà niǎo fēi qù yuǎnfāng
大鸟飞去远方   큰 새는 먼 곳으로 날아가고,

xiǎo shù màn man zhǎng dà
小树慢慢长大   작은 나무는 천천히 자란다.

děng dà niǎo huíláile
等大鸟回来了   큰 새가 돌아올 때에

xiǎo shù gěi tā yígè jiā
小树给它一个家   작은 나무는 큰 새에게 집을 하나 준다.

Zuòzhě Càidānyàn
作者：蔡丹艳

저자: 채단연 9 살 3 학년

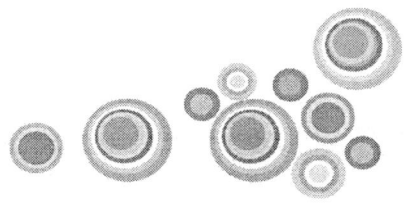

梦想中国语 儿童诗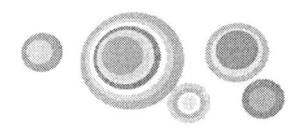

       Dǎn xiǎo de zhǒngzǐ
9 胆小的种子 겁 많은 씨앗

Yì kē dǎn xiǎo de zhǒngzi
一颗胆小的种子   겁 많은 씨앗이 하나 있다.

tā zài tǔ lǐ dāi le hěnjiǔ hěnjiǔ
它在土里待了很久很久   땅 아래 오랜 기간 동안 머물러 있지만

cónglái méiyǒu fāguò yá
从来没有发过芽   싹이 튼 적은 한 번도 없다.

yángguāng zhàozhe tā méiyǒu zhǎng chūlái
阳光照着它没有长出来   햇살이 비춰도 싹은 안 트고

shīféi yě méiyǒu zhǎng chūlái
施肥也没有长出来   거름을 주어도 싹은 안 트고

jiāo shuǐ yě méiyǒu zhǎng chūlái
浇水也没有长出来   물을 주어도 싹은 안 튼다.

zhēnshi yì kē dǎn xiǎo de zhǒngzī
真是一颗胆小的种子   정말 겁 많은 씨앗이다.

Zuòzhě Lǐyuèrǎn
作者: 李乐冉

저자: 이악안

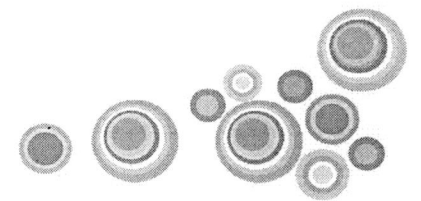

梦想中国语 儿童诗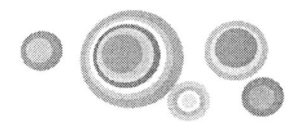

Dēng
10　灯　등

Dēng bǎ hēiyè
灯把黑夜　　　　　　　　　등은 어두운 밤을 데워

tàngle yígè dòng
烫了一个洞　　　　　　　　구멍이 하나 생겼다.

Zuòzhě　Jiāng èr màn
作者: 姜二嫚

저자: 강이만

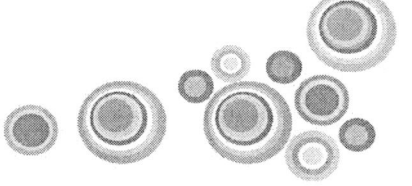

梦想中国语 儿童诗

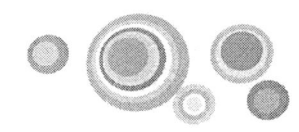

11　低调　겸손
Dīdiào

Zuòrén dīdiào diǎn.
做人低调点。　　　　　　　　　　사람은 겸손해야 한다.

Wǒ zhù zài 40 duō yì nián de dìqiú,
我住在40多亿年的地球，　　　　나는 40억년의 지구에 살고

shàizhe wǔshí duō yì nián de tàiyáng,
晒着五十多亿年的太阳，　　　　50억년의 햇살을 쬐며

měitiān chéngzuò
每天乘坐　　　　　　　　　　　항상 몇 천만원 상당의

jiàzhí jǐ qiān wàn de dìtiě,
价值几千万的地铁，　　　　　　지하철을 타고

měi gè yuè dōu gēn mǎyún
每个月都跟马云　　　　　　　　매달 마윤이랑

yǒu jīngjì láiwǎng,
有经济来往，　　　　　　　　　비즈니스 거래를 하고 있다

nǐ jiàn wǒ xuànyàole ma?
你见我炫耀了吗？　　　　　　　내가 언제 자랑하는 걸 봤는가?

Jiù lián wǒ yòng de diànnǎo yěshì
就连我用的电脑也是　　　　　　내가 쓰는 컴퓨터까지도

shìjiè shǒufù bǐ'ěr gài cí
世界首富比尔盖茨　　　　　　　세계에서 제일가는 부자 빌 게이츠가

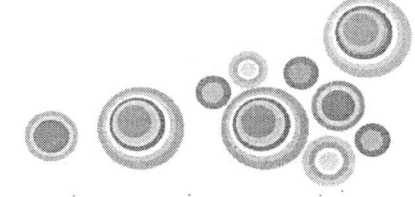

梦想中国语 儿童诗

qīnzì wèi wǒ liáng shēn dǎzào de! 亲自为我量身打造的!	나에게 맞추어 만든 것이다!
Wǒ péngzhàngle ma? 我膨胀了吗?	내가 허세 부리는 것을 보았는가?
Wǒ jiāo'àole ma? 我骄傲了吗?	내가 거만한 것을 보았는가?
Méiyǒu!!! 没有!!!	전혀 그렇지 않다!!!
Duìle, wǎnshàng hái kànzhe 对了,晚上还看着	맞다! 또한 나는 밤에
130 yì nián de yǔzhòu. 130亿年的宇宙	130억년이 된 우주를 본다.

Zuòzhě Yìmíng

作者:佚名

저자: 무명

梦想中国语 儿童诗

Diànxiàn gān
12 电线杆 전봇대

Yèlǐ
夜里　　　　　　　　　　　밤 중

chē chuāngwài
车窗外　　　　　　　　　　차 창문 밖의

yípiàn huāngyuán
一片荒原　　　　　　　　　황량한 들판

tūrán
突然　　　　　　　　　　　갑자기

yìgēn diànxiàn gān
一根电线杆　　　　　　　　전봇대 하나가

bǎ wǒ lā huí
把我拉回　　　　　　　　　나를

wénmíng shìjiè
文明世界　　　　　　　　　문명 세계로 이끌어 돌아오게 만들었다.

Zuòzhě Yìmíng
作者: 佚名

저자: 무명

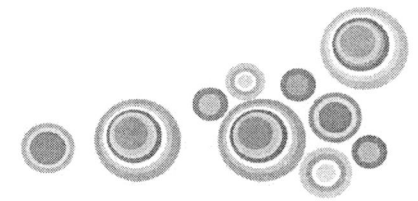

梦想中国语 儿童诗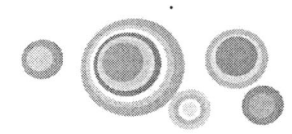

13　钓鱼　낚시
Diàoyú

Yǒule yú gān,
有了鱼竿，　　　　　　　　낚시대가 있고,

yěyǒule yú xiàn,
也有了鱼线，　　　　　　　낚시줄도 있다.

yǒule zuò yǐ,
有了座椅，　　　　　　　　의자가 있고,

yěyǒule shuǐtǒng.
也有了水桶。　　　　　　　물통도 있다.

Wǒ xiǎng diào lái yìtiáo yú.
我想钓来一条鱼。　　　　　나는 물고기 한 마리를 낚고 싶다.

Xiànzài,
现在，　　　　　　　　　　이제,

shéi bǎ xiǎohé yí guòlái?
谁把小河移过来？　　　　　누가 냇물을 가져 오나?

Zuòzhě Xiǎoxué sì nián liù bān de yí wèi tóngxué
作者: 小学四年六班的一位同学

저자: 어느 초등학교 4 학년 학생

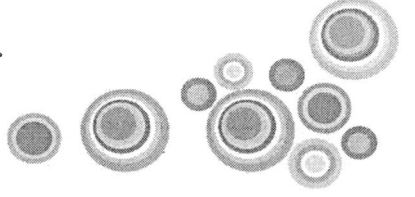

梦想中国语 儿童诗

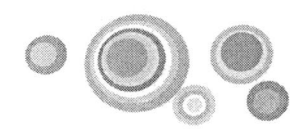

14   Dìnghuò
订货   주문

Yuèliang a
月亮啊   달아!

wǒ yào xiǎng nǐ dìnghuò
我要想你订货   너한테 주문하고 싶다

wǒ yào yígè zhèngfāngxíng de Yuèliang
我要一个正方形的月亮   나는 정사각형의 달을 원하고

wǒ hái yào yígè sānjiǎoxíng de Yuèliang
我还要一个三角形的月亮   삼각형의 달을 원한다.

wǒ hái yǒu lǎoshǔ xíng de
我还有老鼠形的   그리고 쥐모양의 달

zhū xíng de   yáng xíng de
猪形的 羊形的   돼지 모양의 달, 양 모양의 달

tùzī xíng de
兔子形的   토끼 모양의 달

niú xíng de
牛形的   소 모양의 달을 원한다.

wǒ yào kāi gè diàn lái mài
我要开个店来卖   나는 가게를 열어 달을 팔려고 한다.

yǒu shéi juédé tiān tài hēile
有谁觉得天太黑了   누군가가 날이 너무 어둡다고 생각하면

jiù mǎi yígè
就买一个   달 하나를 사면 된다.

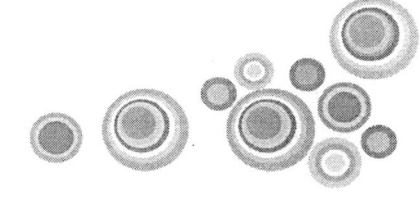

梦想中国语 儿童诗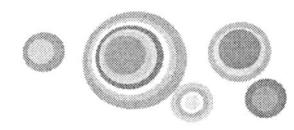

Fēiniǎo jí "jīng xuǎn"
15 飞鸟集《精选》 길 잃은 새 <특집>

Xiǎo niǎo zài tiānkōng fēi,
小鸟在天空飞,   새는 하늘에서 날아 다니고

láng zài dìshàng pǎo,
狼在地上跑,   늑대는 땅에서 뛰어 다니며

yú zài shuǐ lǐ yóu,
鱼在水里游,   물고기는 물에서 헤엄쳐 오가고

shī ne,
诗呢,   시는?

tā kěyǐ zài shuǐ lǐ yóu,
它可以在水里游,   물에서 헤엄칠 수도 있고,

dìshàng pǎo.
地上跑。   땅에서 뛰어 다닐 수도 있다.

Zuòzhě Tóngyànwén
作者: 童彦文

저자: 동연문

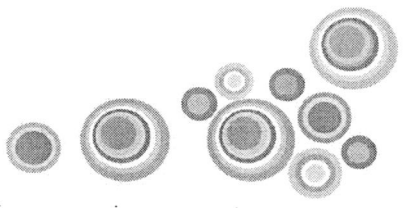

梦想中国语 儿童诗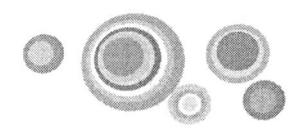

Fēng zài suàn qián
16　风在算钱　돈을 세는 바람

Shéi yě méiyǒu kànjiànguò fēng
谁也没有看见过风　　　　아무도 바람을 본 적이 없다

búyòng shuō wǒ hé nǐle
不用说我和你了　　　　너와 나는 더 말할 필요도 없지.

dànshì zhǐbì zài piāo de shíhou
但是纸币在飘的时候　　　하지만 지폐가 바람에 나부낄 때

wǒmen zhīdào fēng zài suàn qián
我们知道风在算钱　　　　우리는 바람이 돈을 계산하고 있는 것을 다 안다.

Zuòzhě　Wángzǐ qiáo
作者: 王子乔

저자: 왕자교

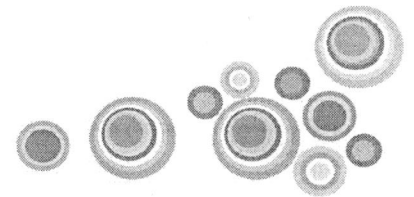

梦想中国语 儿童诗

Gǔshī

17 古诗 고전 시

Wǒ bǎ gāng xiě de yì shǒu shī
我把刚写的一首诗   나는 방금 완성한 시를

fàng zài tàiyáng dǐxià shài
放在太阳底下晒   햇살 아래에 말린다.

xiǎng bǎ tā shài huáng
想把它晒黄   시를 낡게 말리고

xiàng yì shǒu gǔshī
像一首古诗   고전 시처럼

jiǎzhuāng yǐjīng liúchuánle jǐ wàn nián
假装已经流传了几万年   몇 만 년 동안 전해온 척 한다.

Zuòzhě   Jiāng èr màn
作者：姜二嫚

저자: 강이만

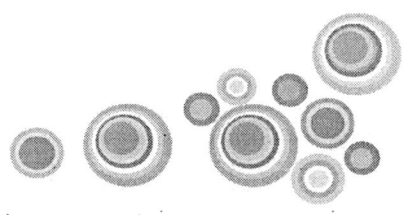

梦想中国语 儿童诗

Guāng
18　光　빛

Wǎnshàng
晚上　　　　　　　　　　　밤에

wǒ dǎ zhe shǒudiàntǒng sànbù
我打着手电筒散步　　　　　나는 손전등을 켜고 산책한다.

lèile jiù ná tā dāng guǎizhàng
累了就拿它当拐杖　　　　　피곤하면 지팡이로 삼 듯

wǒ zhǔzhe yí shù guāng
我拄着一束光　　　　　　　나는 빛 한 다발을 짚고 있다.

Zuòzhě　Jiāng èr màn
作者: 姜二嫚

저자: 강이만

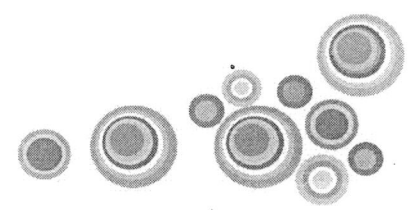

梦想中国语 儿童诗

19 很多 Hěnduō 많음

Wǒ huī huīshǒu
我挥挥手　　　　　　　　　내가 손을 흔들면

jiù yǒu hěnduō shǒu
就有很多手　　　　　　　　많은 손이 나타난다.

wǒ pǎobù
我跑步　　　　　　　　　　나는 뛰면

jiù yǒu hěnduō jiǎo
就有很多脚　　　　　　　　많은 발이 나타난다.

xiǎo gǒu cháo wǒ yáo wěibā
小狗朝我摇尾巴　　　　　　강아지가 나에게 꼬리 흔들면

jiù yǒu hěnduō wěibā
就有很多尾巴　　　　　　　많은 꼬리가 나타난다.

Ránhòu wǒ dǎ qiūqiān
然后我打秋千　　　　　　　그리고 내가 그네를 타면

jiù yǒu hěnduō wǒ
就有很多我　　　　　　　　많은 내가 나타난다.

nǐmen huì bù huì zìháo a
你们会不会自豪啊　　　　　자랑스럽지 않을까?

zhème duō nǚ'ér
这么多女儿　　　　　　　　이렇게 많은 딸이 있다는 것이.

Zuòzhě Jiāngxīnhè
作者: 姜馨贺　　저자: 강신하

梦想中国语 儿童诗

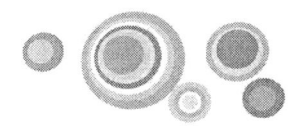

20 花纹 꽃무늬
Huāwén

Bàba cóng liángxí shàng qǐlái
爸爸从凉席上起来
아빠는 돗자리에서 일어나

shēnshàng bù mǎnle liángxí de huāwén
身上布满了凉席的花纹
몸에 꽃무늬를 한가득 뿌린다.

hěn kuài nàxiē huāwén yòu huí dàole
很快那些花纹又回到了
그 꽃무늬들은 곧

liángxí shàng
凉席上
돗자리로 되돌아간다.

yīnwèi tāmen bú yuànyì liúlàng
因为它们不愿意流浪
그들은 방황하기 싫기 때문이다.

Zuòzhě Jiāng èr màn
作者: 姜二嫚

저자: 강이만

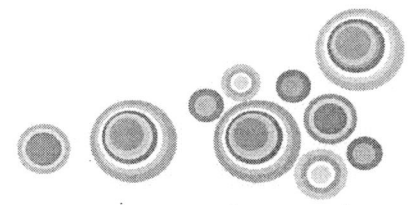

梦想中国语 儿童诗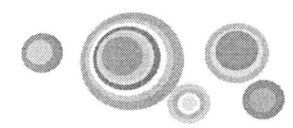

Huànyá
21 换牙 이갈이

Dōngtiān de shíhou,
冬天的时候,　　　　　　　　　겨울에,

wǒ de yì kē yáchǐ diàole.
我的一颗牙齿掉了。　　　　　　나의 이 하나가 빠졌다.

Chūntiān láile,
春天来了,　　　　　　　　　　봄이 오고,

wǒ de yáchǐ yòu fāle yá.
我的牙齿又发了芽。　　　　　　나의 이는 다시 싹 틔었다.

Zuòzhě　Hé xīn níng
作者: 何欣凝

저자: 하선닝

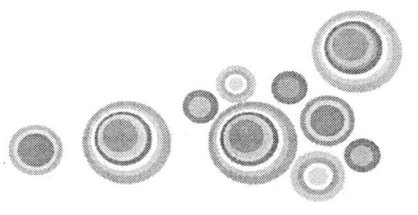

 梦想中国语 儿童诗

Liúxīng
22   流星   별똥별

Xīngxīng guà zài tiānshàng
星星挂在天上　　　　별들을 하늘에 걸고 있었는데

yǒuyì kē méiyǒu guà wěn
有一颗没有挂稳　　　　하나를 단단히 걸지 못해

diàole xiàlái
掉了下来　　　　　　　바닥으로 빠졌다.

Zuòzhě　Jiāng èr màn
作者: 姜二嫚

저자: 강이만

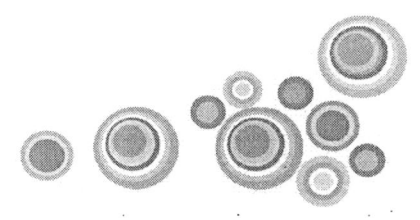

 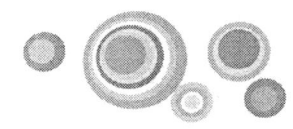

Māmā bǎ dēng lā mièle

23 妈妈把灯拉灭了 엄마가 불을 껐다

Māma bǎ dēng lā mièle
| 妈妈把灯拉灭了 | 엄마가 불을 껐고 |

wǒ qù nǎ'erle?
| 我去哪儿了？ | 나는 어디로 갔지? |

Wǒ zhǎo bú dào wǒle,
| 我找不到我了， | 나는 나를 못 찾겠다 |

wǒ bújiànle, wū wū!
| 我不见了，呜呜！ | 나는 사라졌다, 엉엉! |

Māma bǎ dēng lā liàngle,
| 妈妈把灯拉亮了， | 엄마가 불을 켰고 |

hāhā, wǒ yòu huíláile!
| 哈哈，我又回来了！ | 하하, 내가 돌아왔다! |

Zuòzhě　Húruòyǔ
作者: 胡若羽

저자: 후여우

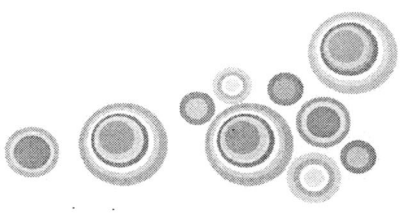

梦想中国语 儿童诗

24 我慢慢吃饭　천천히 먹기
Wǒ màn man chīfàn

Wǒ màn man chīfàn
我慢慢吃饭　　　　　　　　나는 천천히 밥을 먹고,

wǒ màn man chī shuǐguǒ
我慢慢吃水果　　　　　　　천천히 과일을 먹고,

wǒ màn man hē niúnǎi
我慢慢喝牛奶　　　　　　　천천히 우유를 마시고

wǒ shì xiǎng màn man zhǎng dà
我是想慢慢长大　　　　　　천천히 성장하고 싶다.

yīnwèi nǐ shuōguò
因为你说过　　　　　　　　왜냐하면 당신이 말했지,

wǒ zhǎng dàle
我长大了　　　　　　　　　내가 다 자라면

nǐ jiù lǎole
你就老了　　　　　　　　　당신은 늙을 것이라고.

Zuòzhě　Jiāngxīnhè
作者: 姜馨贺

저자: 강신하

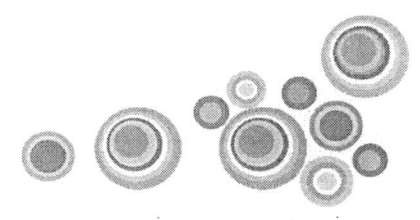

 梦想中国语 儿童诗

25 梦 꿈
Mèng

Měitiān shuìjiào qián
每天睡觉前　　　　　　매일 자기 전

wǒ dōu duì māma shuō
我都对妈妈说　　　　　나는 엄마한테

mèng lǐ jiàn
梦里见　　　　　　　　꿈 속 에서 만나자고 했다.

kěshì zài mèng lǐ
可是在梦里　　　　　　하지만 나는 꿈에서 늘

wǒ lǎo fēi dào bié de dìfāng qù wán
我老飞到别的地方去玩　다른 곳에 날아가서 놀았다.

duìbùqǐ ya
对不起呀　　　　　　　미안해

māma
妈妈　　　　　　　　　엄마

Zuòzhě　Jiāng èr màn
作者: 姜二嫚

저자: 강이만

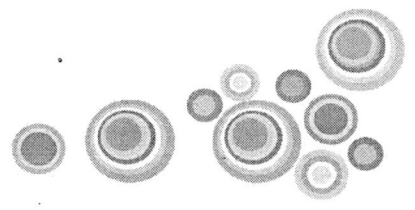

 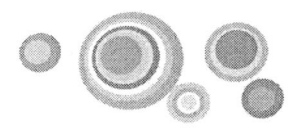

26 秘密 비밀
Mìmì

Māmā shuō wǒ jiǎn lái de
妈妈说我捡来的 엄마는 내가 주워 온 아이라고 했다.

wǒ xiàole xiào
我笑了笑 나는 그냥 빙그레 웃었다.

wǒ bùxiǎng shuō chū yígè mìmì
我不想说出一个秘密 나는 그 비밀을 말하고 싶지 않다.

pà māmā shāngxīn
——怕妈妈伤心 ——엄마를 슬프게 할까 봐

wǒ zhīdào
我知道 나는 안다.

bàba xìng wàn
爸爸姓万 아빠의 성이 만 씨이고

gēgē xìng wàn
哥哥姓万 오빠의 성이 만 씨이며

wǒ yě xìng wàn
我也姓万 나도 성이 만 씨이다.

zhǐyǒu māmā xìng jiāng
只有妈妈姓姜 하지만 엄마의 성씨만 강 씨이다.

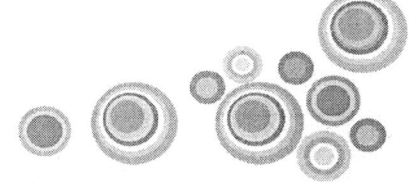

梦想中国语 儿童诗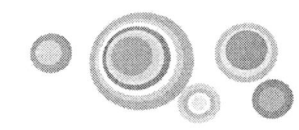

shéi shì jiǎn lái de
谁是捡来的　　　　　　　　　　　누가 주워 온 사람이겠는가?

bù shuō nǐ yě míngbái
不说你也明白　　　　　　　　　　말을 안 해도 다들 알겠지.

xū! Wǒ huì bǎ zhège mìmì
嘘！我会把这个秘密　　　　　　　쉿! 나는 이 비밀을

yǒngyuǎn cáng zài xīnzhōng
永远藏在心中　　　　　　　　　　마음 속에 영원히 숨겨 놓을 거다.

Zuòzhě　Wàn yì hán
作者：万亦舍

저자: 만이함

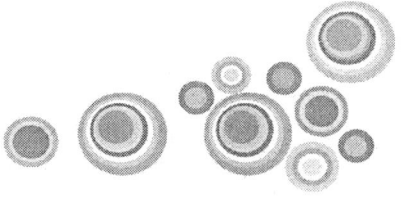

Mǔqīn
27　母亲　어머니

Rúguǒ wǒ shì yì zhū zá cǎo,
如果我是一株杂草，　　　　　　만약 내가 잡초라면

nǐ, hái huì jiāoguàn wǒ ma?
你，还会浇灌我吗？　　　　　　당신이 나한테 물을 줄까?

Wǒ xiǎng, nǐ huì de,
我想，你会的，　　　　　　　　줄 것이라고 생각한다.

nǎpà, wǒ zhǐshì
哪怕，我只是　　　　　　　　　설령 내가

yǒngyuǎn kāi bù chū huā de zá cǎo
永远开不出花的杂草。　　　　　영원히 꽃을 피우지 못하는 잡초라도.

Rúguǒ wǒ shì zuì àn de nà kē xīng,
如果我是最暗的那颗星，　　　　만약 제가 제일 어두운 별이면

nǐ hái huì ài wǒ ma?
你还会爱我吗？　　　　　　　　당신은 그래도 나를 사랑할까?

Wǒ xiǎng, nǐ huì de,
我想，你会的，　　　　　　　　할 거라고 생각한다.

nǎpà, wǒ zhǐ shì
哪怕，我只是　　　　　　　　　설령 내가

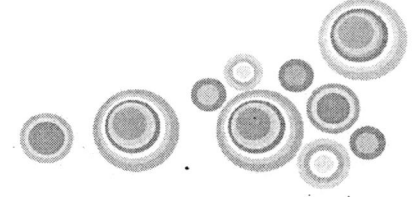

梦想中国语 儿童诗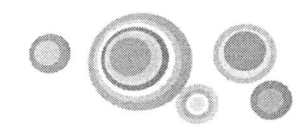

yǒngyuǎn bù huì shǎnyào de xīng.
永远不会闪耀的星。　　　　　　영원히 반짝이지 못하는 별이라도.

Mǔqīn a!
母亲啊!　　　　　　　　　　　　어머니!

Bùguǎn wǒ shì shénme,
不管我是什么,　　　　　　　　　제가 무엇이라도,

zài nǐ de xīnlǐ,
在你的心里,　　　　　　　　　　어머니의 마음속에서

wǒ yǒngyuǎn shì nǐ de wéiyī……
我永远是你的唯一……　　　　　　저는 영원히 유일한 존재입니다.

Zuòzhě Zhāngxīnyuè
作者: 张昕玥

저자: 장신월

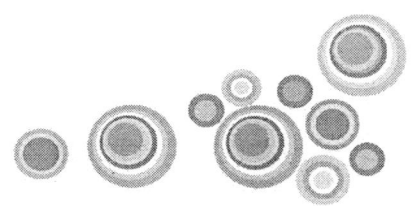

梦想中国语 儿童诗

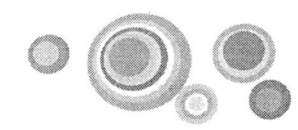

Mùguāng
28　目光　눈빛

Wǒ gěi zài lǎojiā de nǎinai
我给在老家的奶奶　　　　　　　　나는 고향에 계시는 할머니께

dǎ diànhuà shuō
打电话说　　　　　　　　　　　　전화를 걸어 말했다.

wǒ xiànzài zhèng kàn yuèliàng
我现在正看月亮　　　　　　　　　나는 달을 보고 있다고

zhèyàng
这样　　　　　　　　　　　　　　이렇게 하면

wǒmen de mùguāng
我们的目光　　　　　　　　　　　우리의 눈빛은

jiù huì zài yuèliàng shàng
就会在月亮上　　　　　　　　　　모두 달에서

xiāngyùle
相遇了　　　　　　　　　　　　　마주할 것이다.

Zuòzhě Yìmíng
作者：佚名

저자: 무명

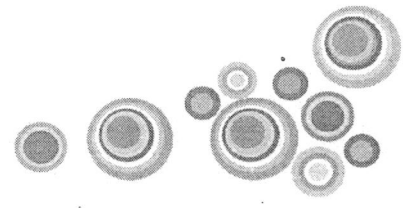

梦想中国语 儿童诗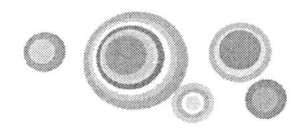

Shī shì shénme

29 诗是什么 시는 뭘까

Xiě shī yǒudiǎn xiàng pāi wénzi
写诗有点像拍蚊子　　　　　시를 짓는 것은 모기 잡기와 같다.

yǒu shíhòu wǒ yí bù xiǎoxīn
有时候我一不小心　　　　　때로는 나는 까딱하다가

jiù àn sǐle yì zhī
就按死了一只　　　　　　　한 마리를 잡고

yǒu shíhòu
有时候　　　　　　　　　　때로는

wǒ pīnmìng de pāidǎ
我拼命地拍打　　　　　　　목숨을 걸고 때려도

què zěnme yě dǎ bú dào tā
却怎么也打不到它　　　　　모기를 못 잡는다.

wǒ juédé xiě shī
我觉得写诗　　　　　　　　나는 시를 짓는 것이

jiùshì zhèyàng
就是这样　　　　　　　　　이런 것이라고 생각한다.

Zuòzhě Lǐxuěróng
作者: 李雪融

저자: 이설융

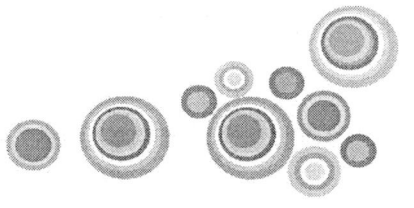

梦想中国语 儿童诗

Wǒ shì shǐ bà mā shuāilǎo de zhūduō shìjiàn zhī yī

30 我是使爸妈衰老的诸多事件之一

나는 부모님을 노쇠 시키는 것들 중 하나

Wǒ shì shǐ bà mā shuāilǎo de
我是使爸妈衰老的　　　　　　　나는 부모님을 늙게

zhūduō shìjiàn zhī yī
诸多事件之一　　　　　　　　　하는 것들 중 하나이다.

zhíchēng, fángdài, niúròu de jiàgé
职称、房贷、牛肉的价格　　　　직업, 주택 대출금, 소고기의 가격,

wǒ jīshēn qízhōng,
我跻身其中，　　　　　　　　　나는 그 중에 하나고

zuìwéi chíjiǔ
最为持久　　　　　　　　　　　가장 오래 지속되어온 하나이다.

Zuòzhě Tuō tuō bù huā
作者：脱脱不花

저자: 토토부화

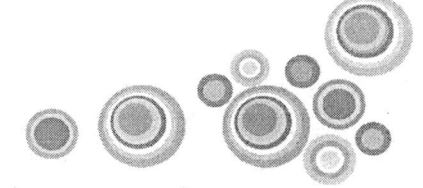

梦想中国语 儿童诗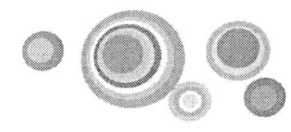

Sǐ hòu biàn chéng húdié
31 死后变成蝴蝶 죽은 후에 나비가 되다

Nǎinai shuōguò
奶奶说过   할머니는 말했지,

rén sǐ hòu
人死后   사람은 죽은 후

huì biàn chéng měilì de húdié
会变成美丽的蝴蝶   아름다운 나비가 된다.

yéyé nǎinai qùshì hòu
爷爷奶奶去世后   할아버지와 할머니가 세상을 떠난 이후

měi dāng húdié fēi dào fángjiān lǐ
每当蝴蝶飞到房间里   나비가 방에 날아들 때마다

wǒ dōuhuì bǎmén guānshàng
我都会把门关上   나는 방문을 닫는다.

Zuòzhě   Lǐ wěi
作者：李伟

저자: 이위

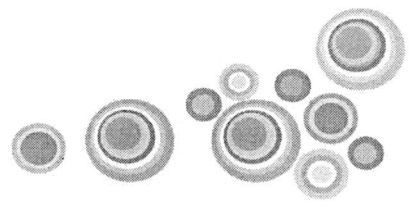

梦想中国语 儿童诗

32 台风爷爷   Táifēng yéyé 태풍 할아버지

Táifēng yéyé!   Táifēng yéyé!
台风爷爷！台风爷爷！   태풍 할아버지! 태풍 할아버지!

Wǒ yíqiè dōu zhǔnbèi hǎole!
我一切都准备好了！   나는 준비 다 됐어요!

Zuòyè bǎi zài
作业摆在   숙제를 이미

yǐjīng dǎkāi de chuāngkǒu shàng.
已经打开的窗口上。   열린 창문 아래 두었어요.

Táifēng yéyé!
台风爷爷！   태풍 할아버지!

Táifēng yéyé!
台风爷爷！   태풍 할아버지!

Kuài bǎ tàiyáng gǎn zǒu!
快把太阳赶走！   태양을 빨리 내쫓고

Hǎo ràng wǒ de zuòyè
好让我的作业   나의 숙제를

gǎnkuài fēi zǒu!
赶快飞走！   어서 쓸어가 주세요!

Zuòzhě Qián lěi
作者： 钱磊

저자： 전뢰

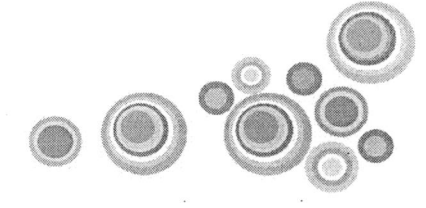

梦想中国语 儿童诗

33 挑妈妈　　Tiāo māmā　엄마 고르기

Nǐ wèn wǒ
你问我　　　　　　　　　　　　　당신은

chūshēng qián zài zuò shénme
出生前在做什么　　　　　　　　　내가 태어나기 전에 뭘 했냐고 물었죠.

wǒ dá
我答　　　　　　　　　　　　　　나는 대답했죠.

wǒ zài tiānshàng tiāo māmā
我在天上挑妈妈　　　　　　　　　하늘에서 엄마를 고르고 있었다고.

kànjiàn nǐle
看见你了　　　　　　　　　　　　당신을 봤어요.

juédé nǐ tèbié hǎo
觉得你特别好　　　　　　　　　　정말 좋다고 생각했죠.

xiǎng zuò nǐ de érzi
想做你的儿子　　　　　　　　　　당신의 아들이 되고 싶었어요.

yòu juédé zìjǐ kěnéng méi nàge yùnqì
又觉得自己可能没那个运气　　　　하지만 내가 그런 운이 있으려나 걱정했어요.

méi xiǎngdào　　dì èr tiān yì zǎo
没想到　　第二天一早　　　　　　뜻밖에도 다음 날의 이른 아침에

wǒ yǐjīng zài nǐ dùzi lǐ
我已经在你肚子里　　　　　　　　나는 이미 당신의 배 안에 있었어요.

Zuòzhě　Zhū ěr
作者：朱尔　　저자: 주알

梦想中国语 儿童诗

Wèishéme wǒ zài wòpù chēxiāng róngyì xiě shī
34 为什么我在卧铺车厢容易写诗
나는 왜 기차의 침대 칸에서 시를 잘 짓는가?

Wǒ kànzhe chuāngwài
我看着窗外

내가 창문 밖을 보니,

yígè gè línggǎn zài dìshàng pǎo
一个个灵感在地上跑

영감 하나 하나가 바닥에 뛰어 다니고 있었다.

wǒ chuānguò bōlí
我穿过玻璃

유리를 뚫고

zhuā yígè
抓一个

한 번 잡으면

shì yígè
是一个

한 개씩 잡힌다.

Zuòzhě Jiāng èr màn
作者: 姜二嫚

저자: 강이만

梦想中国语 儿童诗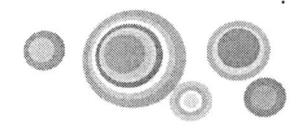

Wōniú

35 蜗牛 달팽이

Wǒ zǒulù, bù suàn màn,
我走路，不算慢，   나의 걸음은 느린 편이 아니다

qǐng ná chǐ zi liàng liàng kàn.
请拿尺子量量看。   자로 재어 보아라.

Duǎn duǎn de yī xiǎoshí,
短短的一小时，   아주 짧은 시간 안에

wǒ yǐjīng zǒule
我已经走了   나는 이미

wǔ cùn bàn.
五寸半。   다섯 치 반을 걸었다.

Zuòzhě Lín liáng
作者：林良

저자：임량

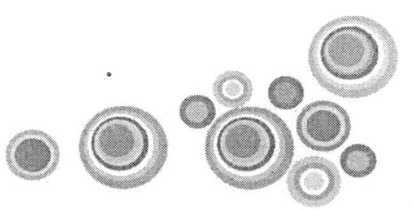

梦想中国语 儿童诗

36 我爱你 Wǒ ài nǐ 나는 당신을 사랑한다.

Wǒ ài xiōng bābā de nǐ,
我爱凶巴巴的你, 나는 흉악한 당신을 사랑하고,

wǒ ài wēnróu de nǐ.
我爱温柔的你。 나는 부드러운 당신을 사랑한다.

Wǒ àidài yǎnjing de nǐ,
我爱戴眼镜的你, 나는 안경을 쓰는 당신을 사랑하고,

wǒ ài hē kāfēi de nǐ.
我爱喝咖啡的你。 나는 커피 마시는 당신을 사랑한다.

Wǒ ài gěi wǒmen jiǎngkè de nǐ,
我爱给我们讲课的你, 나는 우리를 가르치는 당신을 사랑하고,

wǒ ài xiào hāhā de nǐ.
我爱笑哈哈的你。 나는 하하 웃는 당신을 사랑한다.

Wǒ ài zhèngzài gǎi zuòyè de nǐ,
我爱正在改作业的你, 나는 숙제를 고쳐 주는 당신을 사랑한다.

wǒ ài quánbù de nǐ,
我爱全部的你, 나는 당신의 전부를 사랑하고,

wǒ ài yuánlái de nǐ,
我爱原来的你, 나는 원래의 당신도 사랑한다.

wǒ ài nǐ.
我爱你。 나는 당신을 사랑한다.

Zuòzhě Wēng mù
作者: 翁木 저자: 운무

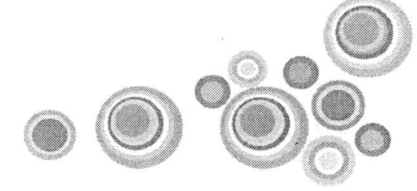

37 我画的树太漂亮了 내가 그린 나무는 너무 예쁘다

Wǒ huà de shù tài piàoliangle

Wǒ huà de shù
我画的树   내가 그린 나무는

tài piàoliangle
太漂亮了   너무 예쁘기에

jiē xiàlái huà de niǎo
接下来画的鸟   그 후로 그린 새,

huà de yún
画的云   구름,

huà de chítáng hé huāduǒ
画的池塘和花朵   그리고 연못과 꽃을

dōu pèi bù shàng tā
都配不上它   모두 그 나무에 비할 수 없다.

Zuòzhě   Míng zhī
作者: 茗芝

저자: 무경운

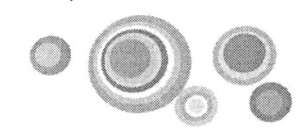

Wǒ xīwàng

38 我希望 나는 희망한다

Shí nián hòu
十年后   10년 후

wǒ xīwàng
我希望   나는

chéngwéi yígè
成为一个   한 명의

zìsī de māmā
自私的妈妈   이기적인 엄마가 되고 싶다.

yīnwèi
因为   왜냐하면

wǒ xiǎng ràng māmā
我想让妈妈   나는 엄마가

zìjǐ ài zìjǐ duō yìdiǎn
自己爱自己多一点   자신을 더 많이 사랑하게 하고 싶기 때문이다.

Zuòzhě   Mù qìng yún
作者: 穆庆云

저자: 무경운

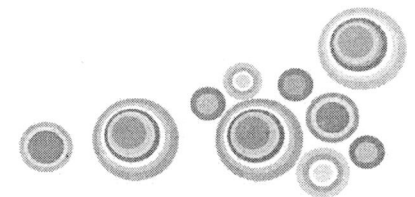

梦想中国语 儿童诗

Wǒ xiǎng biàn

39　我想变　나는 되고 싶다

Wǒ xiǎng biàn chéng yì kē shù,

我想变成一棵树，　　　　　　　나는 하나의 나무가 되고 싶다.

wǒ kāixīn shí,

我开心时，　　　　　　　　　　기쁠 때

kāihuā,

开花，　　　　　　　　　　　　꽃이 피고,

wǒ bù kāixīn shí,

我不开心时，　　　　　　　　　슬플 때

luòyè.

落叶。　　　　　　　　　　　　잎이 지는 나무.

Zuòzhě　Yìmíng

作者：佚名

저자: 무명씨

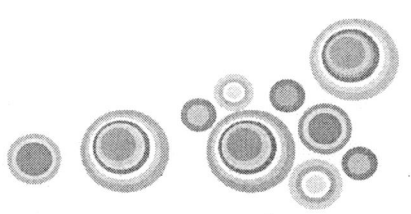

 梦想中国语 儿童诗

Xiǎopéngyǒu

40　小朋友　어린이

Tā shì rúcǐ huānlè,	
他是如此欢乐，	어린이는 그렇게 즐겁게,
tā xiàoxīxīzhe lái dào shìjiè,	
他笑嘻嘻着来到世界，	생글생글 웃으며 세상에 오게 되며,
tā huì kāixīn, huì shāngxīn.	
他会开心，会伤心。	어린이는 기뻐하기도 하고 슬퍼하기도 한다.
Bù xiàng dàrén nàyàng,	
不像大人那样，	어른들과 달리,
tā jiùshì xiǎopéngyǒu.	
他就是小朋友。	그는 그냥 어린이다.

Zuòzhě　Tóngyànwén
作者：童彦文

저자: 동연문

梦想中国语 儿童诗

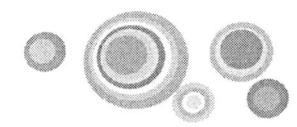

41 幸福 행복
Xìngfú

Mǔqīn
母亲　　　　　　　　　　　어머니는

gěile gēgē wǔmáo
给了哥哥五毛　　　　　　　오빠에게 0.5원을 주고,

mèimei sì yuán
妹妹四元　　　　　　　　　여동생에게 4원을 주었다.

gēgē duì
哥哥对　　　　　　　　　　오빠는

chūxué suànshù de mèimei shuō
初学算术的妹妹说　　　　　셈을 배운지 얼마 안 된 여동생에게

wǔmáo de wǔ bǐ sì yuán de sì dà
五毛的五比四元的四大　　　4원의 4보다 0.5원의 5가 더 크다고 말했다.

ràng mèimei gēn tā huàn
让妹妹跟他换　　　　　　　여동생에게 둘을 바꾸자고 했다.

mèimei huānkuài de yǔnnuò
妹妹欢快地允诺　　　　　　여동생은 흔쾌히 동의했다.

shéi yě bù zhīdào
谁也不知道　　　　　　　　그 여동생의 행복은

mèimei de xìngfú
妹妹的幸福　　　　　　　　아무도 헤아릴 수 없다.

Zuòzhě Wángxiāngyuǎn
作者：王芗远　　　　저자: 왕몽원

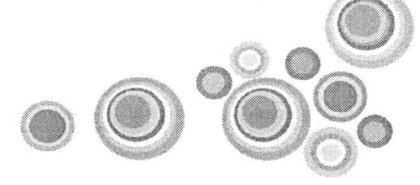

梦想中国语 儿童诗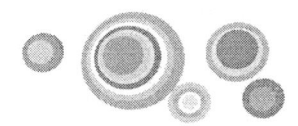

Yǎnjīng
42 眼睛 눈

Wǒ de yǎnjīng hěn dà hěn dà
我的眼睛很大很大　　　　　　　　나의 눈은 아주 크다.

zhuāng de xià gāoshān
装得下高山　　　　　　　　　　　높은 산을 담을 수 있고,

zhuāng de xià dàhǎi
装得下大海　　　　　　　　　　　넓은 바다를 담을 수 있으며,

zhuāng de xià lántiān
装得下蓝天　　　　　　　　　　　푸른 하늘을 담을 수 있고,

zhuāng de xià zhěnggè shìjiè
装得下整个世界　　　　　　　　　온 세상을 담을 수 있다.

wǒ de yǎnjīng hěn xiǎo hěn xiǎo
我的眼睛很小很小　　　　　　　　나의 눈은 아주 작다.

yǒushí yù dào xīnshì
有时遇到心事　　　　　　　　　　걱정거리가 생기면

jiù lián liǎng háng lèi yě zhuāng bùxià
就连两行泪也装不下　　　　　　　눈물 두 줄도 담을 수가 없다.

Zuòzhě Chén kē quán
作者: 陈科全

저자: 진그전

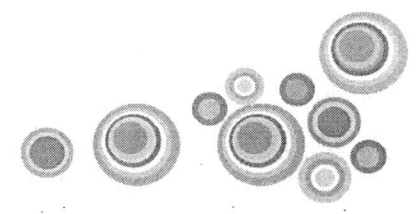

 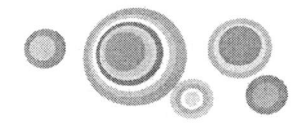

梦想中国语 儿童诗

Yǎnlèi bù zhíqián

43 眼泪不值钱　　눈물은 값이 없다.

Zhǎng dàle

长大了　　　　　눈물은 값이 없다.

jiù zhíqiánle

就值钱了　　　　어른이 되면 눈물이 값지게 될 것이다.

Zuòzhě　Yìmíng

作者: 佚名

저자: 무명

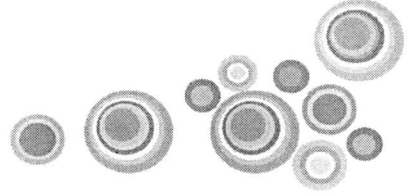

梦想中国语 儿童诗

Yéyé

44 爷爷   할아버지

Yéyé hái huózhe de shíhou
爷爷还活着的时候   할아버지께서 살아 계실 때

zhègè shìjiè de fēngyǔ
这个世界的风雨   이 세상의 모든 폭풍우가

dōu ràoguò wǒ
都绕过我   나를 피하고,

xiàng tā yígè rén qīngxié
向他一个人倾斜   할아버지만을 향해 기울었다.

Zuòzhě   Yúzhōu chàng dào shù shāo
作者：渔舟唱到树梢

저자: 어선이 나무 꼭대기에 노래

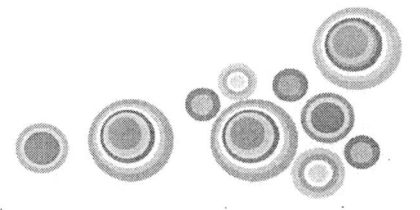

梦想中国语 儿童诗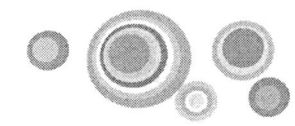

Yéyé
45 爷爷 할아버지

Yéyé shìgè huàidàn
爷爷是个坏蛋　　　　　　할아버지는 나쁜 사람이다.

méiyǒu hé wǒ gàobié
没有和我告别　　　　　　나랑 작별인사도 하지 않고

jiù qiāoqiāo líkāi
就悄悄离开　　　　　　　살금살금

wàichū lǚxíng
外出旅行　　　　　　　　여행을 떠나 버렸다.

Zuòzhě Tánhónghuī
作者: 覃鸿辉

저자: 저홍휘

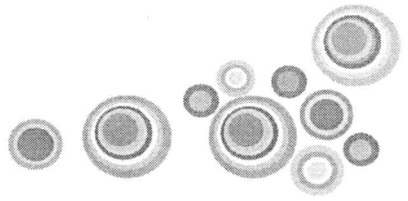

 梦想中国语 儿童诗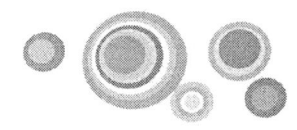

Yí lì zhǒngzǐ

46　一粒种子　　한 개의 씨앗

Yí lì zhǒngzǐ lù wān wān,
一粒种子路弯弯,　　　　　　한 개의 씨앗이 걸어야 할 길은 구불구불하다.

yígè xīn de shēngmìng.
一个新的生命。　　　　　　　그는 하나의 새로운 생명이다.

yǒuyì kē dà shù dǎngle tā de lù,
有一棵大树挡了它的路,　　　나무 하나가 그의 길을 가로막았고,

yǒu yíkuài tǔdì jùjué tā jiārù.
有一块土地拒绝它加入。　　　땅은 그의 탄생을 막았다.

Dàn tā bù huīxīn,
但它不灰心,　　　　　　　　하지만 그는 낙담하지 않았고

bù lǐhuì biérén de cháoxiào,
不理会别人的嘲笑,　　　　　남들의 놀림을 무시했더니

tā yǒule jiā
它有了家　　　　　　　　　그에게 집이 생겼다.

Zuòzhě　Tóngxīnwén
作者: 童新文

저자: 동신문

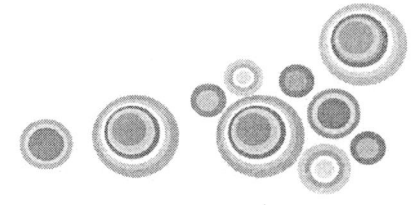

梦想中国语 儿童诗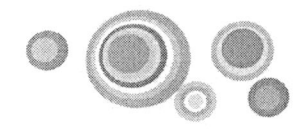

Yīrújìwǎng de xiàtiān

47　一如既往的夏天　　예전과 다름없는 여름

Xiàtiān láile
夏天来了　　　　　　　　　　　　여름이 왔다.

tiān yě rèle
天也热了　　　　　　　　　　　　날씨도 더워졌다.

hé qùnián xiàtiān yíyàng a
和去年夏天一样啊　　　　　　　　작년 여름과 같은데.

gāi kāi kōngtiáole
该开空调了　　　　　　　　　　　에어컨을 켜야 하지.

gāi chuān qúnzile
该穿裙子了　　　　　　　　　　　치마를 입어야 하지.

hé qùnián xiàtiān méishénme bùtóng a
和去年夏天没什么不同啊　　　　　작년 여름과 다를 것이 없는데

gāi guà wénzhàngle
该挂蚊帐了　　　　　　　　　　　모기장을 쳐야 하지.

hé qùnián xiàtiān yíyàng a
和去年夏天一样啊　　　　　　　　작년 여름과 다름 없는데.

kěshì wǒ zěnme
可是我怎么　　　　　　　　　　　그런데 나는 왜

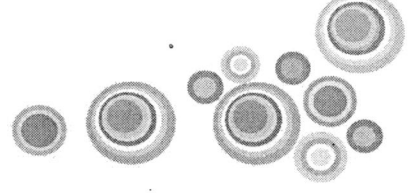

梦想中国语 儿童诗

bùrú qùnián xiàtiān kuàilèle a
不如去年夏天快乐了啊　　　작년 여름보다 덜 즐거워졌지?

yīnwèi
因为　　　　　　　　　　　왜냐하면

wǒ zhǎng dàle
我长大了　　　　　　　　　어른이 돼 버렸거든.

Zuòzhě　Zhūxià nī
作者: 朱夏妮

저자: 주하니

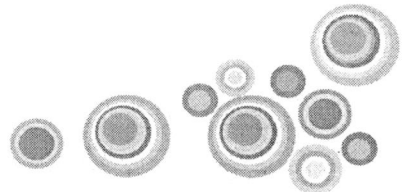

 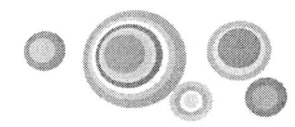

48 原创 (Yuánchuàng) 오리지널

Rúguǒ yǒu shéi duì wǒ shuō 如果有谁对我说	만약에 누군가가 나한테
wǒ ài nǐ 我爱你	사랑한다고 말했다면
zhè juéduì juéduì búshì yuánchuàng 这绝对绝对不是原创	그것은 절대 절대 처음이 아닐 거야.
yuánchuàng zài māmā nàlǐ 原创在妈妈那里	그건 엄마일 거거든.

Zuòzhě　Zhūxià nī
作者: 朱夏妮

저자: 주하니

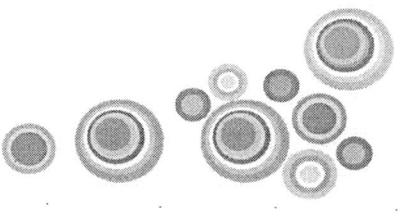

梦想中国语 儿童诗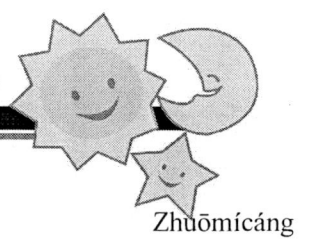

49 捉迷藏 (Zhuōmícáng) 숨바꼭질

Māmā, wǒ cáng hǎole!
妈妈，我藏好了！   엄마, 나 숨었어!

Méiyǒu a!
没有啊！   아닌데?

Wǒ cáng hǎole!
我藏好了！   나 숨었어!

Zěnme hái zhàn zàiyuán dì?
怎么还站在原地？   왜 아직도 제자리에 서 있는 거야?

Wǒ cáng hǎole!
我藏好了！   난 숨었다고!

Nǐ zhēn de bù duǒ qǐlái ma?
你真的不躲起来吗？   진짜 안 숨을 거야?

Wǒ cáng hǎole!
我藏好了！   난 숨었다고!

Wǒ zhēn de cáng hǎole——
我真的藏好了——   난 진짜 숨었어——

Wǒ bì shàngle yǎnjīng!
我闭上了眼睛！   난 눈을 감았거든!

Zuòzhě Lǐshānshān
作者：李姗姗   저자: 이산산

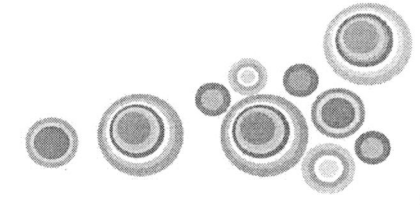

梦想中国语 儿童诗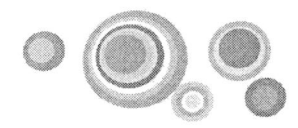

Bàba de zhíyè
50　爸爸的职业　　아버지의 직업

Bàba shì míng yīshēng
爸爸是名医生　　　　　　　아빠는 의사다

wǒ zài tā de bàngōngshì lǐ luàn cuàn
我在他的办公室里乱窜　　　나는 아빠의 사무실에서 뛰어 다니고 있다

shíjiān hěn jǐnjí
时间很紧急　　　　　　　　시간이 촉박해

láibùjí shōushi wǒ
来不及收拾我　　　　　　　나를 혼내지도 못 하고

tā jiù jìnle shǒushù shì
他就进了手术室　　　　　　수술실에 들어갔다.

wǒ bù gǎn jìnqù dàoqiàn
我不敢进去道歉　　　　　　내가 아빠한테 사과할 용기도 없다.

yīnwèi tā shǒu lǐ yǒu dāo
因为他手里有刀　　　　　　왜냐하면 아빠가 지금 칼을 들고 있거든.

Zuòzhě　Liú yǔ fēi
作者: 刘羽飞

저자: 류우비

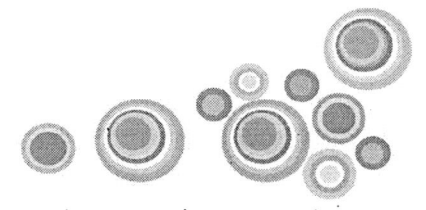

梦想中国语 儿童诗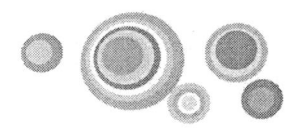

Bàn kǒu rén
51 半口人 반명의 식구

Xiǎomíng jiā yǒu wǔ kǒu bàn rén 小明家有五口半人	샤오밍의 집에는 식구가 5명 반이 있다.
bàba māma 爸爸 妈妈	아빠, 엄마
gēge jiějie wángxiǎomíng 哥哥 姐姐 王小明	형, 누나, 왕샤오밍이 있다.
nǎinai shì bàn kǒu rén 奶奶是半口人	할머니는 반 명의 식구이다.
shàng bànnián gēn dàbó 上半年跟大伯	상반기에 할머니는 큰아빠의 집에 가고
xià bànnián gēn bàba 下半年跟爸爸	하반기에는 아빠의 집에 온다.

Zuòzhě　Yìmíng
作者: 佚名

저자: 무명

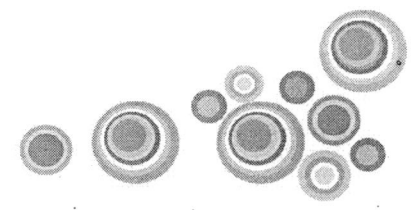

梦想中国语 儿童诗

Bùguāng rén yǒu shēngmìng

52 不光人有生命

인간만 생명을 갖는 것이 아니다

Bùguāng rén yǒu shēngmìng
不光人有生命　　　　　　　인간만 생명을 갖는 것이 아니다.

xiǎo cǎo yěyǒu shēngmìng
小草也有生命　　　　　　　풀도 생명이 있고

fēiniǎo yěshì shēngmìng
飞鸟也是生命　　　　　　　새도 생명이 있고

tiānhuābǎn yěshì shēngmìng
天花板也是生命　　　　　　천장도 생명이 있기에

biàndì dōu shì shēngmìng
遍地都是生命　　　　　　　온 세상은 생명이 있다.

Zuòzhě　Jiāng èr màn
作者: 姜二嫚

저자: 강이만

梦想中国语 儿童诗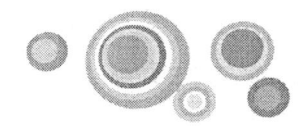

53 长大 자라기
Zhǎng dà

Zhǒngzǐ
种子   씨앗은

bèi mái zài dàxuě xià
被埋在大雪下   눈 속에 묻히고

ānjìng fāyá
安静发芽   조용히 싹이 튼다.

lǎo kū shù
老枯树   늙은 고목

zhǎng chū yì gēn xīn zhīyā
长出一根新枝丫   새로운 가지가 뻗는다.

ér wǒ
而我   나는

zài bàba māma kàn bújiàn dì dìfāng
在爸爸妈妈看不见的地方   아빠와 엄마가 보이지 않은 곳에서

tōutōu zhǎng dà
偷偷长大   몰래 자란다.

Zuòzhě: Jiā yù
作者: 佳玉

저자: 가옥

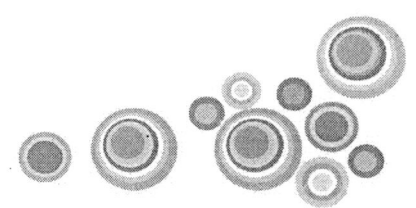

 梦想中国语 儿童诗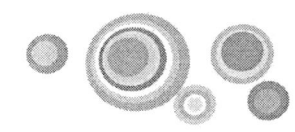

Chǎo xīngxing
54 炒星星 별 볶음

Yìkǒu dàdà de guō
一口大大的锅   하나의 큰 냄비가 있다.

qiáo, tā zài chǎo xīngxīng
瞧，它在炒星星   보아라 냄비에 별을 볶고 있다.

yuè chǎo yuè liàng
越炒越亮   볶을수록 더 빛난다.

yuè chǎo yuè kāixīn
越炒越开心   볶을수록 더 기뻐진다.

Zuòzhě: Hú hàn
作者：胡汉

저자: 호한 8 살

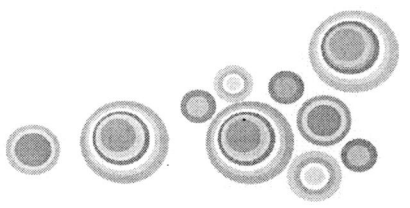

梦想中国语 儿童诗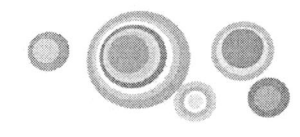

Dàrén?　Xiǎohái?
55　大人？小孩？　　어른이? 어린이?

Wǒ gēn māma shuō:	
我跟妈妈说：	나는 엄마에게
"Wǒ xiǎng zìjǐ qù xuéxiào"	
"我想自己去学校"	'나는 혼자 학교에 가고 싶어' 라고 했다.
māma shuō:	
妈妈说：	엄마는
"Nǐ hái tài xiǎo, hěn wéixiǎn."	
"你还太小，很危险。"	'넌 아직 어려서 위험해' 라고 대답했다.
Wánjù bù xiǎoxīn shuāi huài,	
玩具不小心摔坏，	내 장난감이 갑자기 깨졌다.
xīnténg de wǒ zhí diào yǎnlèi	
心疼的我直掉眼泪	마음이 아파서 눈물이 났다.
māma yòu shuō:	
妈妈又说：	엄마는
"Nàme dàle hái suíbiàn diào yǎnlèi."	
"那么大了还随便掉眼泪。"	'다 큰 애가 마음대로 눈물이 나면 어떡해?' 라고 했다.
Āi,　māma yīhuìr shuō wǒ xiǎo,	
哎，妈妈一会儿说我小，	아이코, 엄마는 때론 내가 어리고,

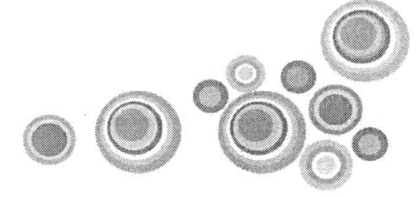

梦想中国语 儿童诗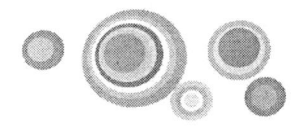

yīhuì yòu shuō wǒ dà,
一会又说我大，

wǒ dàodǐ shì dàrén háishì xiǎohái?
我到底是大人还是小孩？

때론 내가 크다고 한다.

나는 도대체 어른일까? 어린이일까?

Zuòjiā: Wángxīnyuè

作者：王心悦

저자: 왕신월

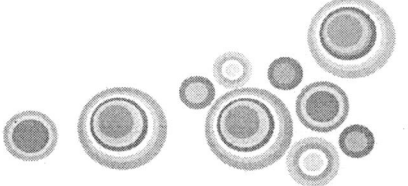

梦想中国语 儿童诗

56 读诗   시 읽기
Dú shī

Tīnghuà de shī	
听话的诗	철 든 시는
jìnhuà chū chìbǎng	
进化出翅膀	날개가 자라나
fēi dào wǒ de nǎohǎi lǐ	
飞到我的脑海里	내 머릿속에서 날아간다.
bù tīnghuà de shī	
不听话的诗	철 없는 시는
jìnhuà chū liǎng tiáo tuǐ	
进化出两条腿	두 다리가 자라나
cóng mén fèng lǐ mízǒule	
从门缝里迷走了	문 틈에서 도망친다.

Zuòzhě: Zhāng jīnhuī
作者: 张金晖

저자: 장금휘

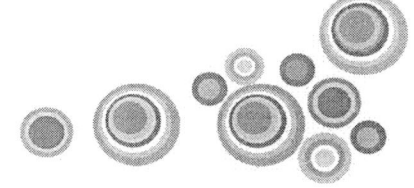

梦想中国语 儿童诗

57 风的脚印 바람의 발자국
Fēng de jiǎoyìn

Fēng de jiǎoyìn 风的脚印	바람의 발자국은
shì shùyè 是树叶	나뭇잎이고,
fēng 风	바람이다.
yì zǒu 一走	바람이 지나치자
jiǎoyìn biàn 脚印便	발자국을
liúle xiàlái 留了下来	남긴다.

Zuòzhě: Wǔlíngshān
作者: 武凌珊

저자: 무령산

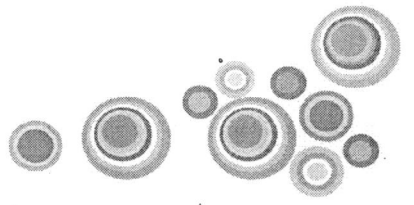

梦想中国语 儿童诗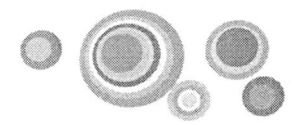

58 孤独   외로움
Gūdú

Wǒ zhàn zài rénqún zhōng
我站在人群中   나는 사람들 앞에 서 있지만

gūdú de
孤独得   너무 외로워서

jiù xiàng P shàngqùle
就像 P 上去了   합성된 것만 같다.

Zuòzhě   Jiāng èr màn
作者: 姜二嫚

저자: 강이만

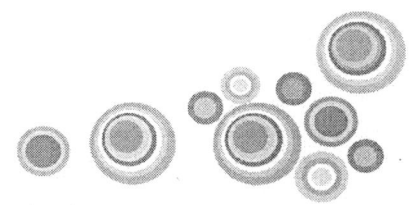

梦想中国语 儿童诗

Hēibǎn

59　黑板　칠판

Lǎoshī zài hēibǎn shàng xiězì
老师在黑板上写字　　　　　　　선생님이 칠판에 글을 쓰고 있다.

wǒ néng gǎnjué dào
我能感觉到　　　　　　　　　　나는 칠판이 좀 아픈 것을

wǒ néng gǎnjué dào
黑板有些痛　　　　　　　　　　느낄 수 있다.

Zuòzhě　zēng yǔ xuān

作者：曾宇萱 10 岁

저자: 증우선

梦想中国语 儿童诗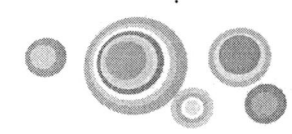

60 **Hēisè** 黑色 검은색

Wǒ xǐhuān hēisè
我喜欢黑色　　　　　　　나는 검은색을 좋아한다.

yīnwèi zhǐyǒu yèwǎn cáinéng hé māma yǒngbào
因为只有夜晚才能和妈妈拥抱　왜냐하면 밤에만 엄마와 껴안을 수 있기 때문이다.

Zuòzhě: Ráokūnjù
作者: 饶堃钜

저자: 요군거

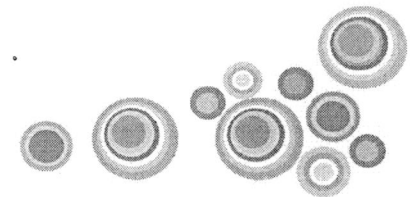

梦想中国语 儿童诗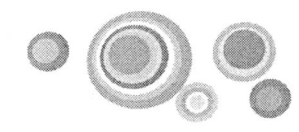

Huí dào dìmiàn
61 回到地面 바닥으로 돌아가기

Yàoshi xiàoguòle tóu
要是笑过了头   너무 심하게 웃으면

nǐ jiù huì fēi dào tiānshàng qù
你就会飞到天上去   하늘로 날아갈 것이다.

yào xiǎng huí dào dìmiàn
要想回到地面   바닥으로 돌아가고 싶으면

nǐ jiù bìxū zuò yī jiàn shāngxīn shì
你就必须做一件伤心事   슬픈 일을 하나 해야 한다.

Zuòzhě: Duǒ duǒ

作者：朵朵

저자: 타타

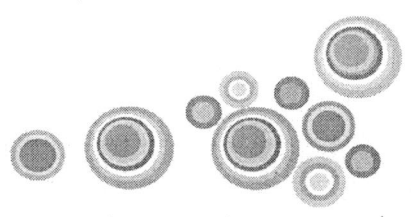

梦想中国语 儿童诗

Huǒjiàn
62 火箭 로켓

Huǒjiàn, nǐ bèi rénmen guānzhùle
火箭，你被人们关注了　　　　　　　로켓아, 너는 사람들에게

shì bèi guānzhùle
是被关注了　　　　　　　　　　　　주목을 받고 있지만

dànshì pìgu zháohuǒle
但是屁股着火了　　　　　　　　　　엉덩이에는 불이 났다

Zuòzhě: Lǐ guóyǒu
作者: 李国友

저자: 이국우

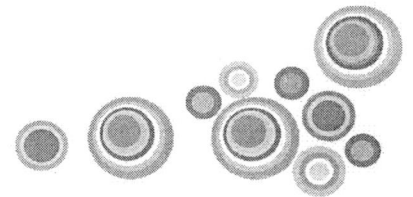

梦想中国语 儿童诗

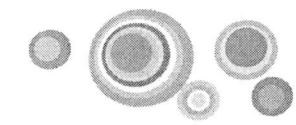

63 快乐 Kuàilè
즐거움

Kuàilè shì huángsè de
快乐是黄色的 　　　　　　　　　즐거움은 노란색이다.

tā de wèidào xiàng tángguǒ hé qiǎokèlì
它的味道像糖果和巧克力 　　　　맛이 사탕과 초콜릿과 같다.

wén qǐlái xiàng xiāngtián de fēngmì
闻起来像香甜的蜂蜜 　　　　　　맡다 보면 달콤한 꿀과 같다.

kuàilè kàn shàngqù xiàng yìzhī huópō de xiǎo tùzǐ
快乐看上去像一只活泼的小兔子　즐거움은 활발한 토끼와 같다.

tīng qǐlái xiàng yìqún xiǎo niǎo zài chànggē
听起来像一群小鸟在唱歌 　　　　듣다 보면 새들이 노래하는 것과 같다.

Zuòzhě: Liúzǐjìng
作者: 刘子敬

저자: 유자정

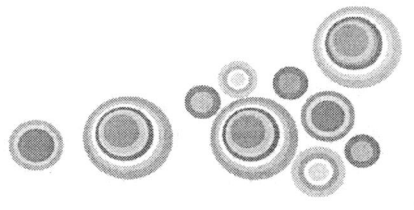

梦想中国语 儿童诗

64 老虎 호랑이
Lǎohǔ

Lǎohǔ
老虎　　　　　　　　　　　　　　　　　호랑이

hé nǐ shāngliáng gè shì
和你商量个事　　　　　　　　　　　　　너랑 상의할 일이 있다.

qǐng qiān wàn búyào chī wǒ māma
请千万不要吃我妈妈　　　　　　　　　　제발 우리 엄마를 먹지 마.

suīrán māma xiànzài ròu zuìduō
虽然妈妈现在肉最多　　　　　　　　　　우리 엄마는 이제 살이 가장 많을 때지만

dàn wǒ yídìng huì jiāndū māma
但我一定会监督妈妈　　　　　　　　　　나는 꼭 엄마를 감독해

ràng māma yòu biàn huí yuán lái shòu shòu de māma
让妈妈又变回原来瘦瘦的妈妈　　　　　　엄마가 전의 날씬한 모습으로 변하게 할 것이다.

Zuòzhě: Wúyuánqǐ
作者: 吴元绮

저자: 우천기

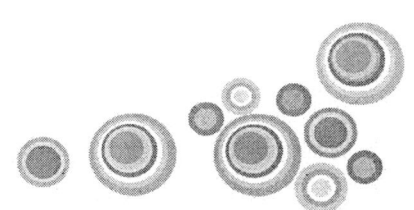

梦想中国语 儿童诗

65 友谊 Yǒuyì 우정

Rúguǒ nǐ hěn jìmò
如果你很寂寞   네가 외로우면

qǐng hé wǒ zuò péngyǒu
请和我做朋友   나랑 친구 해

rúguǒ nǐ wǒ bú zài shì péngyǒu
如果你我不再是朋友   우리가 더 이상 친구가 아니라면

qǐng bié lái zhǎo wǒ
请别来找我   나를 찾으러 오지 마.

nǐ de xīn hěn kuàilè
你的心很快乐   네 마음은 즐겁겠지만

wǒ què hěn nánguò
我却很难过   나는 슬프다.

zhè zhǒng gǎnjué zhǐyǒu wǒ zhīdào
这种感觉只有我知道   이런 느낌은 나만 안다.

cóngqián shì péngyǒu
从前是朋友   전에 친구였을 때

wǒ zhīdào huānlè
我知道欢乐   나는 즐거움을 알았다.

dànshì nǐ què líkāile wǒ
但是你却离开了我   그런데 너는 날 떠났다.

梦想中国语 儿童诗

wǒ fēicháng nánguò
我非常难过　　　　　　　　　　　나는 매우 슬펐

yìtiān yìtiān kūqìzhe
一天一天哭泣着　　　　　　　　　매일 울었다.

wǒ liú xià zújì
我留下足迹　　　　　　　　　　　나는 발자국을 남겼지만

nǐ bú qù xúnmì
你不去寻觅　　　　　　　　　　　네가 안 찾아 왔다.

wǒ xūyào bāngzhù
我需要帮助　　　　　　　　　　　내게 도움이 필요했을 때

nǐ què méi chūxiàn
你却没出现　　　　　　　　　　　네가 안 나타났다.

wǒ zhǐhǎo shuō yìshēng
我只好说一声　　　　　　　　　　나는

zàijiàn
——再见　　　　　　　　　　　　안녕이라고만 말할 수 있다.

Zuòzhě: Xīnxīn
作者：心心

저자: 심심

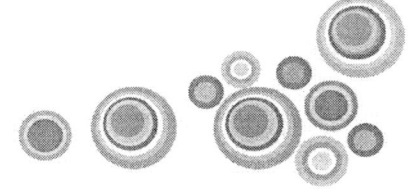

梦想中国语 儿童诗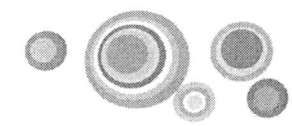

Píngguǒ
66 苹果 사과

Wǒ shì yígè lǜsè de píngguǒ
我是一个绿色的苹果　　　　　　나는 초록색 사과이다.

wǒ xiǎng biàn chéng hóngsè de
我想变成红色的　　　　　　　　빨간색 사과가 되고 싶다.

yīn wèi chéngshúle
因为成熟了　　　　　　　　　　익으면

jiù kěyǐ cóng shù shàng xiàlái
就可以从树上下来　　　　　　　나무에서 떨어지고

qù hěnduō dìfāng kàn fēngjǐng
去很多地方看风景　　　　　　　많은 곳으로 여행을 갈 수 있다.

suīrán zuìhòu huì sǐqù
虽然最后会死去　　　　　　　　마지막으로 죽을 것이지만

dànshì yě jīngguòle kuàilè de yìshēng
但是也经过了快乐的一生　　　　행복한 일생을 보냈다고 생각할 것이다.

Zuòzhě: Dèngwùchén
作者: 邓悟晨

저자: 등우진

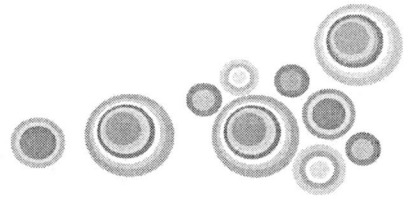

梦想中国语 儿童诗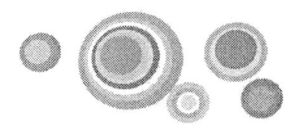

          Wǒ bù gǎnxiè māma
67 我不感谢妈妈   엄마에게 감사하지 않다.

Wǒ bù gǎnxiè māma,
我不感谢妈妈,   나는 엄마에게 감사하지 않다.

shì tā měitiān fá wǒ zhàn qiángjiǎo.
是她每天罚我站墙角。   엄마는 나를 매일 구석에 서게 한다.

Wǒ bù gǎnxiè māma,
我不感谢妈妈,   나는 엄마에게 감사하지 않다.

shì tā měitiān bī wǒ xiě liànxí cè.
是她每天逼我写练习册。   엄마는 나에게 매일 문제를 풀게 한다.

Wǒ bù gǎnxiè māma,
我不感谢妈妈,   나는 엄마에게 감사하지 않다.

shì tā měitiān gěi wǒ shàng yǔwén kè.
是她每天给我上语文课。   엄마는 매일 나에게 국어 수업을 해 준다.

Wǒ bù gǎnxiè māma,
我不感谢妈妈,   나는 엄마에게 감사하지 않다.

shì tā měitiān gěi wǒ chū juàn zhǐ.
是她每天给我出卷纸。   엄마는 매일 나에게 문제지를 내준다.

Wǒ bù gǎnxiè māma,
我不感谢妈妈,   나는 엄마에게 감사하지 않다.

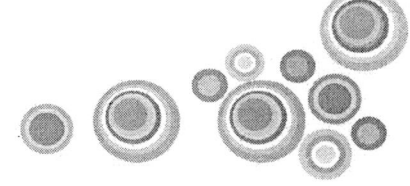

梦想中国语 儿童诗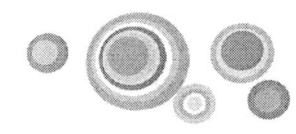

shì tā měitiān ràng wǒ xiěshēng zì.
是她每天让我写生字。 　　　　엄마는 나에게 매일 새로운 한자를 쓰게 한다.

Wǒ bù gǎnxiè māma,
我不感谢妈妈, 　　　　나는 엄마에게 감사하지 않다.

shì tā jiào wǒ měitiān bèi gǔshī.
是她教我每天背古诗。 　　　　엄마는 나에게 매일 고대 시를 외우게 한다.

Méiyǒu māma,
没有妈妈, 　　　　엄마가 없으면

jiù méiyǒu xiànzài de wǒ.
就没有现在的我。 　　　　이제의 나도 없다.

Wǒ bù gǎnxiè tā,
我不感谢她, 　　　　나는 엄마에게 감사하지 않으면

wǒ hái néng gǎnxiè shéi ne?
我还能感谢谁呢? 　　　　누구에게 감사할까?

Zuòzhě: Yángjǐnlín
作者：杨锦麟

저자: 양진린

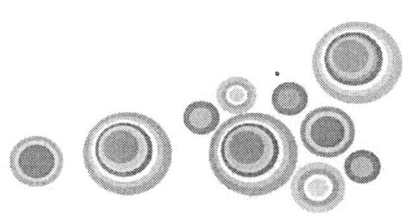

梦想中国语 儿童诗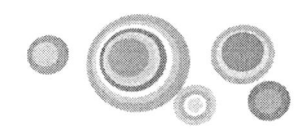

Wǒ fāxiàn (zhī èr)

68　我发现（之二）　　　나의 발견 2

Wǒ fāxiàn 我发现	나는
zài jī miànqián 在鸡面前	닭 앞에서
rénlèi hěn cánkù 人类很残酷	인간이 매우 가혹하다는 것을 발견했다.
dànshì jī bìng bù zhīdào 但是鸡并不知道	하지만 닭은
tāmen chī chóngzi 它们吃虫子	자신이 벌레를 먹은 것조차
yě hěn cánkù 也很残酷	가혹하다는 것을 모른다.

Zuòzhě　Jiāng èr màn
作者：姜二嫚

저자: 강이만

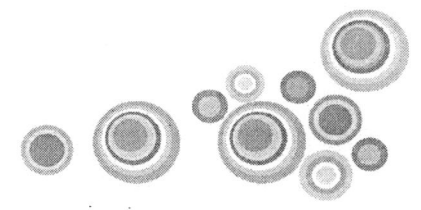

梦想中国语 儿童诗

Wǒ fāxiàn (zhī yī)
69 我发现（之一） 나의 발견 1

Wǒ fāxiàn
我发现　　　　　　　　　　　　나는

yǒu hǎoduō yánsè
有好多颜色　　　　　　　　　　많은 색깔 에게

dōu hái méiyǒu mìngmíng
都还没有命名　　　　　　　　　아직 이름이 없다는 것을 발견했다.

hái yǒu hǎoduō shēngyīn
还有好多声音　　　　　　　　　그리고 많은 소리도

yě méiyǒu mìngmíng
也没有命名　　　　　　　　　　아직 이름이 없다.

shènzhì
甚至　　　　　　　　　　　　　심지어

yǒu hǎoduō zì
有好多字　　　　　　　　　　　많은 단어까지

hái gēnběn méiyǒu fāmíng chūlái
还根本没有发明出来　　　　　　아직 발명되지 않았다.

Zuòzhě　Jiāng èr màn
作者: 姜二嫚

저자: 강이만

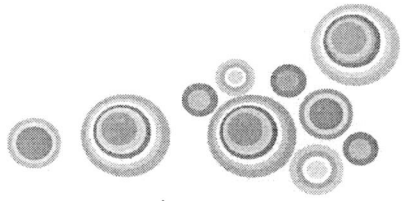

梦想中国语 儿童诗

Wūyún
70 乌云 비구름

Báiyún wánzhe
白云玩着 　　　　　　　　　하얀 구름이 놀다가

mǒhēile liǎn huí dàojiā
抹黑了脸回到家 　　　　　　얼굴을 먹칠해 집에 가선

bèi māma mà kūle
被妈妈骂哭了 　　　　　　　엄마한테 혼나 울었다.

Zuòzhě: Qìng huā
作者: 庆花

저자: 경화

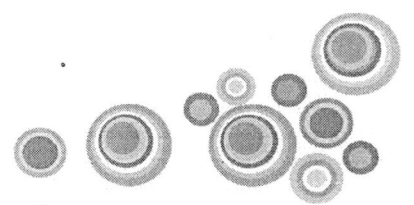

梦想中国语 儿童诗

Wù
71 悟 깨달음

Yǎng shǒu
仰首　　　　　　　　　　　고개를 들어

bǎtóu fàng jìn tiānmù
把头放进天幕　　　　　　　머리를 하늘로 향하면

tiānxuándìzhuǎn
天旋地转　　　　　　　　　하늘은 노랗고

zhěnggè tiāndì dōu yǒu wǒ cànlàn de xiàoróng
整个天地都有我灿烂的笑容　온천지가 나의 밝은 미소로 가득 찬다.

yuánlái
原来　　　　　　　　　　　알고 보니

yǒngyǒu
拥有　　　　　　　　　　　소유하는 것이

rúcǐ jiǎndān
如此简单　　　　　　　　　이렇게 쉽다.

Zuòzhě: aimeea Xiǎo hóng méi
作者：aimeea 小红莓

저자: aimeea 샤오홍매

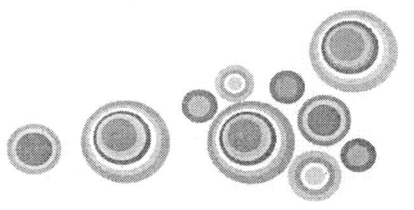

梦想中国语 儿童诗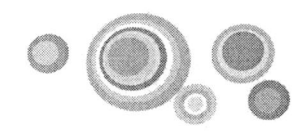

72 Xiàtiān de yánsè
夏天的颜色 여름의 색

māma tiānkōng shì shénme yánsè?
妈妈天空是什么颜色？   엄마, 하늘은 어떤 색인가요?

Yúnduǒ de yánsè
云朵的颜色   구름의 색이다.

māma xiàtiān shì shénme yánsè de?
妈妈夏天是什么颜色的？   엄마, 여름은 어떤 색인가요?

Xīguā de yánsè
西瓜的颜色   수박의 색이다.

nà wǒ de xiàtiān shì yóuyǒng jiā xīguā de yánsè
那我的夏天是游泳加西瓜的颜色   그럼 나의 여름은 수영과 수박의 색이다.

zhè shì yìzhǒng shénme yánsè?
这是一种什么颜色？   이것은 어떤 색인가?

Xīguā shì hóngsè,
西瓜是红色，   수박은 빨간색이고

yóuyǒng shì lán sè ó!
游泳是蓝色哦！   수영은 파란색이다!

Zuòzhě:Hedy táng táng

作者：hedy 糖糖

저자: hedy 탕탕

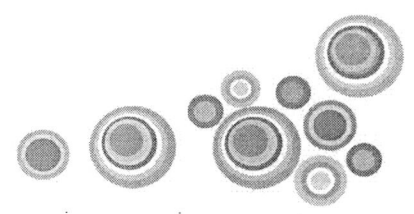

Xiāngyān yōu líng

73 香烟幽灵 담배 유령

Pā
啪   팍

xiāngyān diǎnránle
香烟点燃了   담배를 붙였다.

bā
叭   툭

xīrù yìkǒu yìkǒu dúqì
吸入一口一口毒气   독한 연기를 한 모금 흡입한다.

pū
噗   후

tǔchū yígè yígè yōulíng
吐出一个一个幽灵   유령을 하나 하나 내뿜는다.

Zuòzhě: Wáng càn

作者：王灿

저자: 왕찬

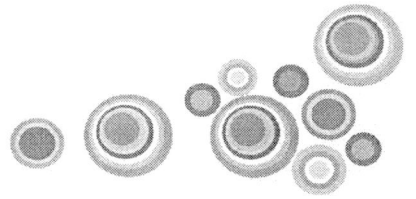

梦想中国语 儿童诗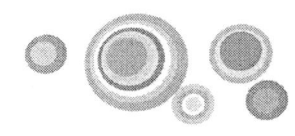

Yángguāng yǐngzi

74　阳光-影子　햇살-그림자

Yángguāng shì yígè chī rén de guàiwù
阳光是一个吃人的怪物　　　　　햇살은 사람을 먹는 괴물이어서

bǎ wǒ chī jìn dùzi lǐ
把我吃进肚子里　　　　　　　　나를 베어 먹었다.

hēi jiāhuo de míngzì jiào yǐngzi
黑家伙的名字叫影子　　　　　　검은 녀석의 이름은 그림자다.

hēi hēi de
黑黑的　　　　　　　　　　　　까맣고

shēnzi zhǎng zhǎng de
身子长长的　　　　　　　　　　몸이 길고

xǐhuān fǔmō dàdì
喜欢抚摸大地　　　　　　　　　땅을 쓰다듬는 것을 좋아한다.

Zuòzhě: Huā xué kēng
作者：花学铿

저자: 화설갱

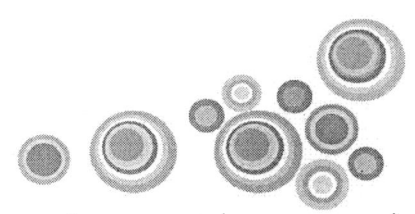

Yéyé shēngqìle

75 爷爷生气了 화나신 할아버지

Wèishéme bǎ yéye de tóufǎ	
为什么把爷爷的头发	왜 할아버지의 머리를
quándōu huà chéng shù qǐlái de ne	
全都画成竖起来的呢?	모두 똑바로 그릴까?
yīnwèi yéyé lǎo ài shēngqì	
因为爷爷老爱生气	할아버지께서는 자주 화가 나셔서 그렇다.
nà wèishéme hái yào zài tóufǎ shàng	
那为什么还要在头发上	또 왜 머리에는
huà yì bǎ jiǎndāo ne	
画一把剪刀呢?	가위 하나를 그릴까?
yīn wéi bǎobǎo xiǎng	
因为宝宝想	아이는 할아버지의
bǎ yéyé de huài píqì jiǎn diào	
把爷爷的坏脾气剪掉	나쁜 성격을 자르고 싶어서 그렇다.

Zuòzhě: Zhāngqiáoruò

作者: 张乔若

저자: 장교여

梦想中国语 儿童诗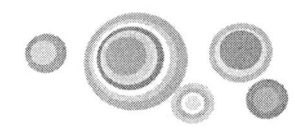

76 勇气 Yǒngqì 용기

Nǐ kěyǐ de
你可以的   "너는 할 수 있다."

rénmen duì wǒ shuō
人们对我说   사람들이 나에게 이렇게 말했다.

yào yǒu yǒngqì
要有勇气   "용기가 있어야 한다."

rénmen duì wǒ shuō
人们对我说   사람들이 나에게 이렇게 말했다.

suǒyǐ wǒ
所以我   그래서 나는

gǔ qǐle yǒngqì
鼓起了勇气   용기를 내어

gǔ qǐ yǒngqì
鼓起勇气   용기를 내어

duì tāmen shuō
对他们说   그 사람들에게

wǒ bùxíng
我不行   나는 할 수 없다고 말했다.

Zuòzhě Yìmíng
作者： 佚名   저자: 무명씨

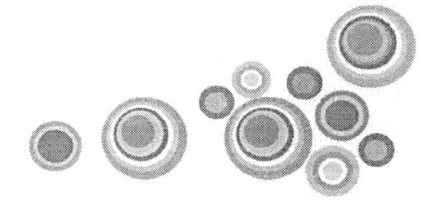

梦想中国语 儿童诗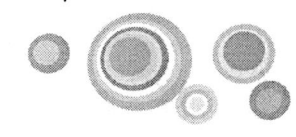

77 Liǎng gè míngzì
两个名字 이름 두 개

Qīngwā shuō tā yǒu liǎng gè míngzì 青蛙说他有两个名字	개구리는 자신에게 두 개의 이름이 있다고 했다.
xiǎoshíhòu jiào kēdǒu 小时候叫蝌蚪	어렸을 때는 올챙이라 불렸고
zhǎng dàle jiù jiào qīngwā 长大了就叫青蛙	커서는 개구리라 불린다.
wǒ yào gàosù dàjiā 我要告诉大家	나는 여러분에게
wǒ yěyǒu liǎng gè míngzì 我也有两个名字	나도 두 개의 이름이 있다고 알려 준다.
yǐqián jiào dìdi 以前叫弟弟	전에는 동생이라 불렸는데
xiànzài jiào gēge 现在叫哥哥	지금은 형이라 불린다.

Zuòzhě: Chén shàngfū
作者: 陈尚夫

저자: 진상부

梦想中国语 儿童诗

78 灵感（二） 영감 (2)
Línggǎn (èr)

Wǒ zài dōngtiān línggǎn shǎo
我在冬天灵感少　　　　　　　　　　나는 겨울에 영감이 적고

zài chūntiān línggǎn duō
在春天灵感多　　　　　　　　　　　봄에 영감이 많다.

yīnwèi chūntiān huā kāile
因为春天花开了　　　　　　　　　　봄에는

měi yì duǒ huā zài kāifàng de yī shùnjiān
每一朵花在开放的一瞬间　　　　　　꽃이 피는 순간에

dōu yǒu yígè línggǎn fēi chūlái
都有一个灵感飞出来　　　　　　　　영감이 하나 떠오른다.

shéi lí tā zuìjìn
谁离它最近　　　　　　　　　　　　누가 나와 가장 가까이 있는지에 따라

jiù shǔyú shéi
就属于谁　　　　　　　　　　　　　영감이 그 누군가에게 소유된다.

rúguǒ huā kāifàng shí méiyǒu rén lùguò
如果花开放时没有人路过　　　　　　만약 꽃이 필 때 지나치는 사람이 없다면

línggǎn jiù huì dàochù fēi
灵感就会到处飞　　　　　　　　　　영감은 이리저리 날아다닌다.

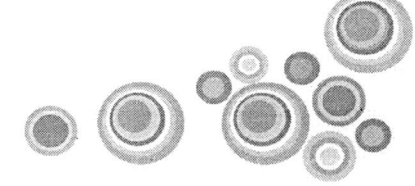

85

梦想中国语 儿童诗

rúguǒ liánxù sì gèrén dōu méiyǒu zhuā zhù tā
如果连续四个人都没有抓住它 만약 계속해서 누군가가 그를 잡지 않으면

tā jiù huì fēi xiàng tàikōng
它就会飞向太空 영감은 우주로 날아가고

yǒngyuǎn xiāoshī
永远消失 영원히 사라진다.

Zuòzhě Jiāng èr màn
作者：姜二嫚

저자: 강이만

梦想中国语 儿童诗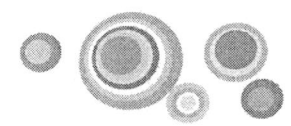

Línggǎn　　(yī)

79　灵感（一）　영감 (1)

Wǒ zài jiālǐ méiyǒu línggǎn
我在家里没有灵感　　　　　　　집에서 나는 영감이 없다.

yì chūmén jiù yǒu
一出门就有　　　　　　　　　　밖에 나가자마자 바로 생긴다.

Zuòzhě　Jiāng èr màn
作者：姜二嫚

저자: 강이만

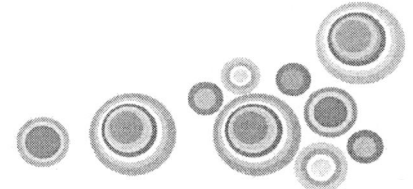

梦想中国语 儿童诗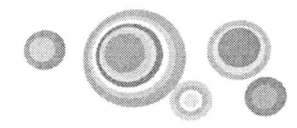

Méiyǒu yàoshi
80　没有钥匙　열쇠 없음

ò, wǒ yào chūqù!
哦，我要出去！　　　　　　　　　　　오, 나는 나갈 것이다.

Chūntiān duō měilì,
春天多美丽，　　　　　　　　　　　　봄이 얼마나 아름답고,

nà huà duō měilì.
那画多美丽。　　　　　　　　　　　　그 그림이 얼마나 아름답더냐.

Kěshì wǒ de xin er zài yōushāng,
可是我的心儿在忧伤，　　　　　　　하지만 나의 마음은 슬프고

wǒ méiyǒu yàoshi.
我没有钥匙。　　　　　　　　　　　나는 마음의 열쇠가 없다.

Zuòzhě: Xiǎo hán
作者：小涵

저자: 샤오한

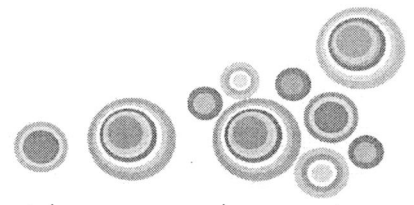

81 梦的颜色 꿈의 색깔
Mèng de yánsè

yìbān de shuō
一般的说　　　　　　　　일반적으로

chūntiān shì lǜsè de
春天是绿色的　　　　　　봄은 초록색이고,

xiàtiān shì fěnsè de
夏天是粉色的　　　　　　여름은 분홍색이며

qiūtiān shì huángsè de
秋天是黄色的　　　　　　가을은 노란색이고,

dōngtiān shì báisè de
冬天是白色的　　　　　　겨울은 하얀색이다.

yìbān de shuō
一般的说　　　　　　　　일반적으로

xiǎo háizi de mèng
小孩子的梦　　　　　　　어린이의 꿈은

shì wǔyánliùsè de
是五颜六色的　　　　　　알록달록하다.

jīntiān
今天　　　　　　　　　　오늘

梦想中国语 儿童诗

wǒ gàosù māma
我告诉妈妈   나는 엄마에게

wǒ de mèng shì méiyǒu yánsè de
我的梦是没有颜色的   나의 꿈은 베이징의 하늘처럼

xiàng běijīng de tiān
像北京的天   색깔이 없다고 말했다.

tā sǐhuó yě bù kěn xiāngxìn
她死活也不肯相信   엄마는 어떻게든 믿지 않으려 한다.

Zuòzhě: Tiě tóu

作者: 铁头

저자: 철두

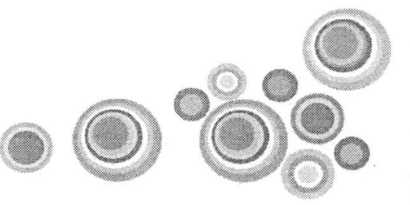

梦想中国语 儿童诗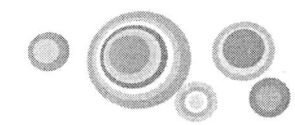

mìmi
82 秘密 비밀

Yǒuyìzhī dàdùzi niǎo
有一只大肚子鸟　　　　　　　큰 배를 가진 새가 있다.

tā de dùzi hěn dà hěn dà
它的肚子很大很大　　　　　　그의 배는 크디큰데

yīnwèi tā bǎ hěnduō xiǎng shuō dehuà
因为它把很多想说的话　　　　말하고 싶은 말을

dōu biē zài dùzi lǐ
都憋在肚子里　　　　　　　　배에 숨겨서 그렇다.

zhè shìgè mìmi
这是个秘密　　　　　　　　　이는 비밀이고

shéi yě bù zhīdào
谁也不知道　　　　　　　　　아무도 모른다.

Zuòzhě: Xiàng yǎ jié
作者: 向雅婕

저자: 향아젼

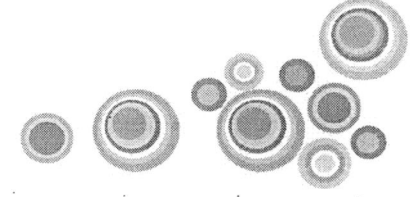

83 叛逆期 pànniqī 사춘기

Wǒ de pànnì qī
我的叛逆期 — 나의 사춘기가

néng bùnéng zǎodiǎn er dào
能不能早点儿到 — 더 일찍 찾아올 수 있을까?

wǒ yào yǐ pànnì qí de míngyì
我要以叛逆期的名义 — 나는 사춘기 라는 이름으로

gàn jǐ jiàn dàshì
干几件大事 — 몇 개의 큰 일을 할 것이다.

Zuòzhě   Jiāng èr màn
作者: 姜二嫚

저자: 강이만

84 骗子 (piànzi) 사기꾼

Jiē dào yígè piànzi de diànhuà:
接到一个骗子的电话：   한 사기꾼의 전화를 받았다.

"Jīntiān shì nǐ de shēngrì,
"今天是你的生日,   ''오늘은 너의 생일인데

gěi wǒ zhuǎn yìbǎi kuài de shǒuxù fèi
给我转一百块的手续费   나에게 100위안을 주면

wǒ jiù sòng nǐ yì tái shǒujī."
我就送你一台手机。"   핸드폰 하나를 선물로 줄게"

Suīrán wǒ zhīdào tā shì piànzi,
虽然我知道他是骗子,   나는 그 사람이 사기꾼이라는 것을 알았지만

dàn wǒ háishì gěi tā zhuǎnle.
但我还是给他转了。   그에게 돈을 이체해 주었다.

Yīnwèi tā yě suànshì wǒ zhǎng zhème dà,
因为他也算是我长这么大,   여태까지 그는

wéiyī yígè zhīdào wǒ jīntiān shēngrì de rénle.
唯一一个知道我今天生日的人了。 나의 생일을 아는 유일한 사람이기 때문이다.

梦想中国语 儿童诗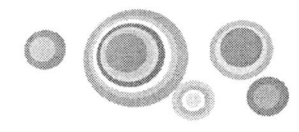

Guò le jǐ tiān,
过了几天，

wǒ zhēn de shōu dàole yì tái shǒujī,
我真的收到了一台手机，

hézi li yǒu zhāng zhǐ tiáo:
盒子里有张纸条：

Zhǎng zhème dà,
"长这么大，

"nǐ shì dì yī gè xiāngxìn wǒ de rén."
你是第一个相信我的人。"

몇 일이 지나

나는 진짜 핸드폰을 받았다.

상자 안에는 "이렇게 커서

너는 나를 믿는 유일한 사람이다"

라고 써져 있다.

Zuòzhě　Yìmíng
作者: 佚名

저자: 무명

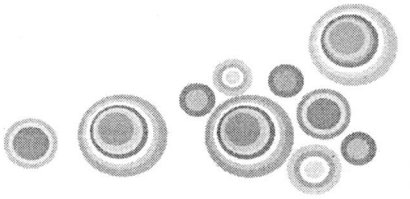

梦想中国语 儿童诗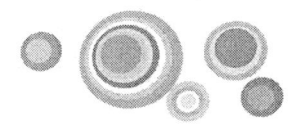

85　鱼　물고기
yú

Zhè tiáo yú hǎo kě'ài
这条鱼好可爱　　　　　　　　　　이 물고기는 정말 귀엽네!

yóu guòlái yóu guòqù
游过来游过去　　　　　　　　　　이리저리 헤엄친다.

māma
妈妈　　　　　　　　　　　　　　엄마

wǒ xiǎng chī
我想吃　　　　　　　　　　　　　나는 생선을

yú
鱼　　　　　　　　　　　　　　　먹고 싶다

！！　　　　　　　　　　　　　　!!

Zuòzhě:Hedy táng táng
作者：hedy 糖糖

저자: hedy 탕탕

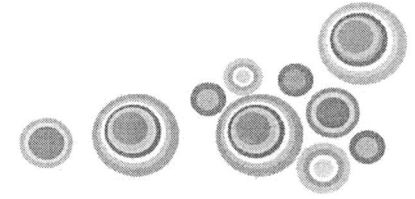

梦想中国语 儿童诗

86 宇宙 yǔzhòu 우주

Wúbiān wújì de yǔzhòu
无边无际的宇宙   끝없는 우주는

bāohánzhe shìshàng de suǒyǒu
包含着世上的所有   세상의 모든 것을 포함하고 있다.

dìqiú——
地球——   지구는

zhǐshì qízhōng de yí lì shāzi
只是其中的一粒沙子   그 중에 한 줌의 모래이다.

Zuòzhě: Dǒng guó hé
作者：董国和

저자: 동국화

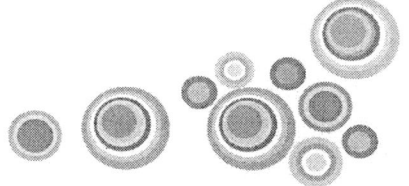

梦想中国语 儿童诗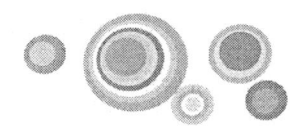

Yǔzhòu de dànshēng
87 宇宙的诞生 우주의 탄생

Yǔzhòu xiàng yígè méiyǒu diǎnzháo de yānhuā
宇宙像一个没有点着的烟花　　　　우주는 불이 꺼진 불꽃처럼

méi rén yuànyì gěi tā yìdiǎn huǒguāng
没人愿意给他一点火光　　　　　　어느 누구도 그를 밝히고 싶어하지 않는다.

tā shēngqìle fènnùle
她生气了 愤怒了　　　　　　　　그는 분하고 화가 나서

bǎ zìjǐ diǎnránle
把自己点燃了　　　　　　　　　　자기자신을 불 붙이고

yǔzhòu yānhuā bàozhàle
宇宙烟花爆炸了　　　　　　　　　우주 불꽃을 폭발시켰다.

yǔzhòu dànshēngle
宇宙诞生了　　　　　　　　　　　우주는 탄생했다.

Zuòzhě: Huáng liǔ
作者: 黄柳

저자: 황유

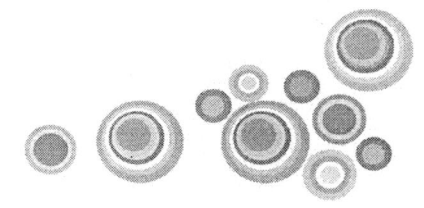

梦想中国语 儿童诗

yuèliang
88 月亮 달

Zhè shì yuán de
这是圆的　　　　　　　　　동그랗고

méiyǒu guāngmáng
没有光芒　　　　　　　　　빛이 없는 것이

dāngrán shì yuèliang
当然是月亮　　　　　　　　바로 달이다.

Zuòzhě: Xiè fán
作者: 解凡

저자: 해범

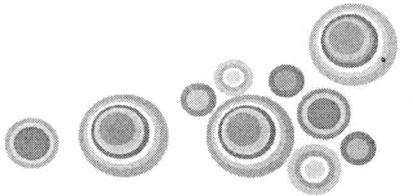

梦想中国语 儿童诗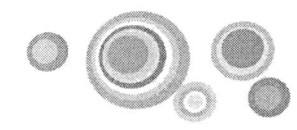

Zǎochén (zhī yī)
89 早晨（之一） 아침 (일)

Zǎochén 5 diǎn
早晨 5 点   아침 5 시

tiān kāishǐ liàngle
天开始亮了   하늘이 점차 그리고

érqiě liàng de tèbié kuài
而且亮得特别快   빠르게 밝아진다.

wǒ róu yíxià yǎnjīng
我揉一下眼睛   내가 눈을 한 번 비비면

tā jiù liàng yìdiǎn
它就亮一点   하늘이 더 밝아지고

zài róu yíxià
再揉一下   한 번 더 비비면

jiù gèng liàng yìdiǎn
就更亮一点   더욱 밝아진다.

Zuòzhě Jiāng èr màn
作者: 姜二嫚

저자: 강이만

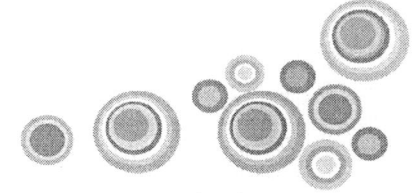

梦想中国语 儿童诗

zuò huǒchē
90　　坐火车　　열차 타기

Zuò huǒchē
坐火车　　　　　　　　　　　　　　열차를 탄다.

bàba dài wǒ zuò huǒchē,
爸爸带我坐火车，　　　　　　　　　아빠는 나를 데리고 열차를 탄다.

huǒchē kāidòng de shíhòu,
火车开动的时候，　　　　　　　　　열차가 움직일 때

chuāngwài de dōngxī jiù dòngle qǐlái;
窗外的东西就动了起来；　　　　　　창 밖도 함께 움직인다.

shān kāishǐ wǎng hòutuì,
山开始往后退，　　　　　　　　　　산이 뒤로 가기 시작하고

shù yě wǎng hòutuì,
树也往后退，　　　　　　　　　　　나무도 뒤로 가며

fángzi yě wǎng hòutuì……
房子也往后退……　　　　　　　　　집도 뒤로 간다.

wa! Shénme dōngxī dōu wǎng hòutuì,
哇！什么东西都往后退，　　　　　　와! 모든 것이 다 뒤로 가는 것은

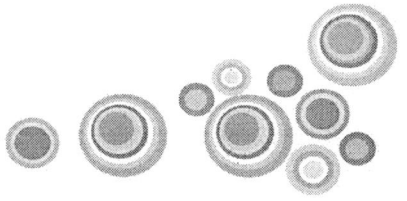

梦想中国语 儿童诗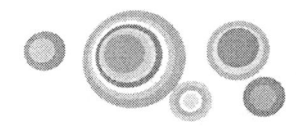

hǎo guài hǎo kuài a,
好怪好快啊， 너무 이상하고 빠르다.

wǒmen dōu búyòng zǒulù,
我们都不用走路， 우리는 걸을 필요 없이

yíxià zi jiù dàole táiběi.
一下子就到了台北。 바로 타이베이에 도착한다.

Zuòzhě　Yìmíng
作者: 佚名

저자: 무명

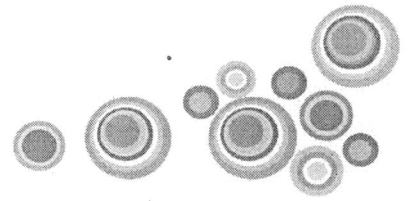

梦想中国语 儿童诗

91 Fēng 风 바람

Kuài kàn!
快看!   어서 봐!

Shùyè
树叶   나뭇잎이

zài tiàowǔ
在跳舞   춤추고 있어.

Zuòzhě:Hedy táng táng
作者：hedy 糖糖

저자: hedy 탕탕

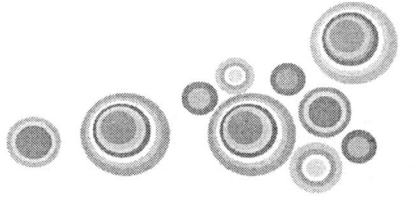

梦想中国语 儿童诗

92 请求 Qǐngqiú 요구

Míngtiān
明天   내일

nǐ bāng wǒ mǎi gè dà jìngzi ba
你帮我买个大镜子吧   너는 나에게 큰 거울을 사줘

děng wǒ jìmò de shíhòu
等我寂寞的时候   나는 외로울 때

wǒ jiù gēn jìngzi lǐ de zìjǐ
我就跟镜子里的自己   거울의 나 자신과 함께

wán
玩   놀 수 있어.

Zuòzhě   Jiāng èr màn
作者：姜二嫚

저자: 강이만

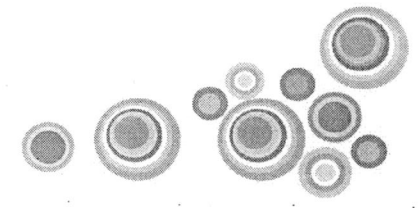

梦想中国语 儿童诗

93　秋游 _{qiūyóu} 가을 여행

Tiān a!　Dì a!
天啊！地啊！　　　　　　　　하늘아! 땅아!

Tóngxué hé lǎoshī a!
同学和老师啊！　　　　　　　애들과 선생님 이야!

Shéi néng gàosù wǒ,
谁能告诉我，　　　　　　　　누가 나에게 알려줘,

hé shí qiūyóu a!
何时秋游啊！　　　　　　　　언제 가을 여행을 갈까?

Wǒ zhǔnbèi de suānnǎi guòqíle!
我准备的酸奶过期了！　　　　내가 준비한 요구르트가 동났어!

Wǒ zhǔnbèi de shǔ piàn guòqíle!
我准备的薯片过期了！　　　　내가 준비한 과자가 동났어!

Ér xià yígè jíjiāng guòqí de.
而下一个即将过期的。　　　　그러나 바로 다음에 동난 것은

Kǒngpà jiùshì wǒ zhè shànliáng de
恐怕就是我这善良的　　　　　아마 나의 착한

xīnlíngle ya!
心灵了呀！　　　　　　　　　마음 일거야!

Zuòzhě　Yìmíng
作者：佚名　저자: 무명

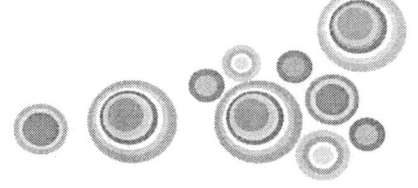

梦想中国语 儿童诗

94 如果我是一个气球
Rúguǒ wǒ shì yígè qìqiú

만약 내가 풍선이라면

Rúguǒ wǒ shì yígè qìqiú 如果我是一个气球	만약 내가 풍선이라면
huì gànshénme ne? 会干什么呢?	뭐를 할까?
Wǒ huì fēi dào shù shàng tāo niǎo dàn, 我会飞到树上掏鸟蛋,	나는 나무로 날아가 새알을 꺼내고
fēi dào yún lǐ shuì dà jué, 飞到云里睡大觉,	구름으로 날아가 잠을 잘 것이다.
fēi dào hǎimiàn lāo xiǎo yú, 飞到海面捞小鱼,	그리고 바다로 날아가 물고기를 잡으며
fēi dào shāndǐng kàn shìjiè, 飞到山顶看世界,	산 정상으로 날아가 세계를 볼 것이다.
fēi dào…… 飞到……	또한 저 멀리 날아가…

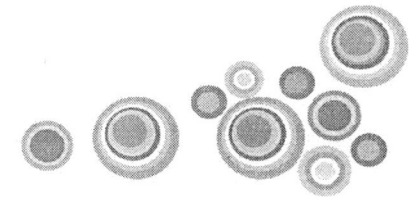

梦想中国语 儿童诗

Pēng!
砰!   　　　　　　　　　　　쾅!

A......
啊......　　　　　　　　　　아…

Wǒ bù xǐhuān zǐdàn.
我不喜欢子弹。　　　　　　　총알이 싫다.

Zuòzhě: Huángyuánshēn
作者: 黄元申

저자: 황원신

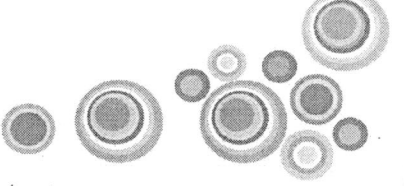

梦想中国语 儿童诗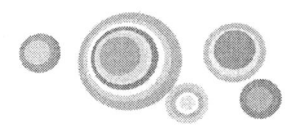

Sān gè xiǎo jīdàn,
95　三个小鸡蛋　작은 계란 3개

Sān gè xiǎo jīdàn,
三个小鸡蛋，　　　　　　　　　　　계란 3개가

fàng zài zhuōzi shàng.
放在桌子上。　　　　　　　　　　　테이블 위에 놓여 있다.

Dì yígè yáo yáohuàng huǎng;
第一个摇摇晃晃；　　　　　　　　　첫째는 흔들거리고

dì èr gè yáo yáohuàng huǎng.
第二个摇摇晃晃。　　　　　　　　　둘째도 또 흔들거린다.

Dì sān gè bù yáo yě bù huǎng,
第三个不摇也不晃，　　　　　　　　셋째는 하나도 흔들거리지 않아

zhēnshi yí gè guāi jīdàn.
真是一个乖鸡蛋。　　　　　　　　　정말 얌전한 계란이다.

ò bù, tā yìdiǎn dōu bù guāi!
哦不，它一点都不乖！　　　　　　　어 아니다. 얌전하지 않다!

Tā——suìle!
它——碎了！　　　　　　　　　　　그는——깨졌다!

Zuòzhě　Yìmíng
作者：佚名

저자: 무명

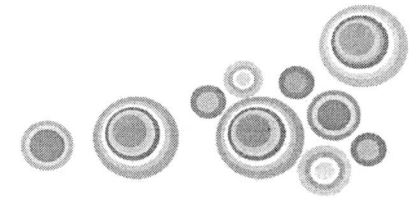

107

梦想中国语 儿童诗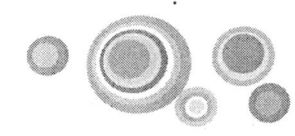

Shūbāo hé shū
96 书包和书 가방과 책

Shūbāo hé shū shì yí duì hǎo péngyǒu
书包和书是一对好朋友　　　　　　　　가방과 책은 좋은 친구이다.

dànshì shū hěn lǎn
但是书很懒　　　　　　　　　　　　　그런데 책이 게을러서

měi cì dōu yào shūbāo bēizhe tā shàngxué
每次都要书包背着它上学　　　　　　　가방은 매번 책을 메고 학교에 다니며

bèi tā huí jiā
背它回家　　　　　　　　　　　　　　집으로 간다.

shūbāo juédé shū tài zhòngle
书包觉得书太重了　　　　　　　　　　가방은 책이 너무 무겁다고 생각하여

yìbiān bèishū yìbiān kū
一边背书一边哭　　　　　　　　　　　책을 메면서 운다.

shūbāo wǔ suì, shū bā suì
书包五岁，书八岁　　　　　　　　　　가방은 5살이고 책이 8살이다.

Zuòjiā: Huángjiā'ài
作者：黄嘉爱

저자: 황가애

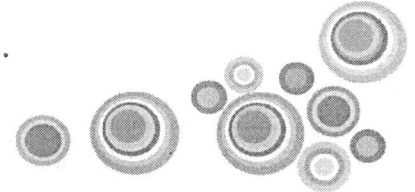

97　说明书　설명서
shuōmíngshū

Māma zǒng shuō,
妈妈总说，　　　　　　　　　　　엄마는 항상

tā guǎn bú zhù wǒ.
她管不住我。　　　　　　　　　　나를 통제할 수 없다고 말했다.

Ō! Māma
噢！妈妈　　　　　　　　　　　　근데 엄마?

nándào yīyuàn méi gěi nǐ shuōmíngshū ma?
难道医院没给你说明书吗？　　　　병원에서 내 사용 설명서를 주지 않았어?

Zuòzhě: Liú yǔ fēi
作者：刘羽飞

저자: 유위비

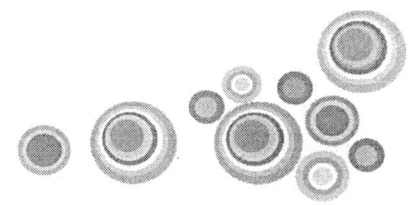

梦想中国语 儿童诗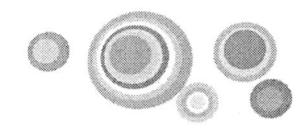

Xīn lǐ huà

98 心里话   마음속의 말

māma 妈妈	엄마,
wǒ huì zhújiàn biàn chéng yígè 我会逐渐变成一个	나는 점차
bù kě'ài de xiǎohái 不可爱的小孩	귀엽지 않은 아이가 된다.
lí nǐ xīnlǐ de kě'ài xiǎohái 离你心里的可爱小孩	엄마 마음속의 귀여운 아이에서
yuè lái yuè yuǎn 越来越远	나는 더 멀어졌다.
xiě zuòyè wán er diànnǎo 写作业 玩儿电脑	숙제를 하고 컴퓨터 게임을 하며
hé nǐ chǎojià 和你吵架	엄마와 말다툼한다.
māma 妈妈	엄마,
xiǎohái yuè dàyuè bù kě'ài 小孩越大越不可爱	아이는 클수록 귀엽지 않아진다.

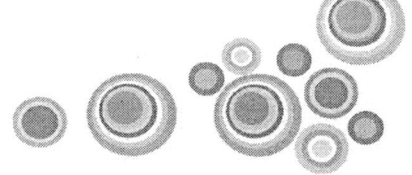

梦想中国语 儿童诗

zhìyú wèishéme
至于为什么　　　　　　　　　　이유는 뭘까

wǒ yě bù zhīdào
我也不知道　　　　　　　　　　나도 모른다.

Zuòzhě: Tiě tóu
作者: 铁头

저자: 철두

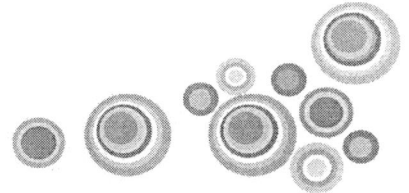

梦想中国语 儿童诗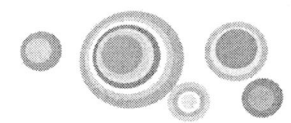

99 生气 shēngqì 화나다

Tiānshàng de yún shēngqìle,
天上的云生气了，   하늘의 구름은 화가 났다.

liǎn hēi dé gēn guō dǐ shì de.
脸黑得跟锅底似的。   얼굴이 솥바닥처럼 까매졌다.

Léidiàn shēngqìle,
雷电生气了，   천둥과 번개가 화가 났다.

bàozào de qiāo xiǎng shǒuzhōng de dàgǔ.
暴躁地敲响手中的大鼓。   노하게 손에 쥐고 있는 큰 북을 두드렸다

Māmā shēngqìle,
妈妈生气了，   어머니는 화가 났다.

bǎ wǒ yí dùn chòumà.
把我一顿臭骂。   나를 한바탕 호되게 꾸짖었다.

Wǒ shēngqìle,
我生气了，   나는 화가 났다.

dàjiā dōu gàosù wǒ,
大家都告诉我，   하지만 모두가 나에게 이렇게 말했다.

hǎo háizi bù gāi zhèyàng.
好孩子不该这样。   착한 아이는 이렇게 해서는 안 된다고.

Zuòzhě Zhāngyùqín
作者: 张玉琴

저자: 장옥근

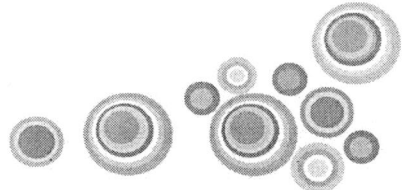

梦想中国语 儿童诗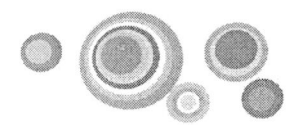

100 时间   Shíjiān   시간

Shíjiān, nǐ màn diǎn zǒu,
时间，你慢点走，　　　　　　　　　　시간아, 천천히 가.

wǒ hái xiǎng zài zuò gè měimèng.
我还想再做个美梦。　　　　　　　　　또 다른 달콤한 꿈을 꾸고 싶어.

Ràng wǒ zài shuì yīhuì'er.
让我再睡一会儿。　　　　　　　　　　조금만 더 자게 해 줘.

Shíjiān, nǐ kuài diǎn zǒu,
时间，你快点走，　　　　　　　　　　시간아, 빨리 가

wǒ zài děngdài xiàkè de língshēng,
我在等待下课的铃声，　　　　　　　　수업 끝나는 종소리를 기다리고 있어.

wǒ yào fēi bēn nà zìyóu tiāntáng....
我要飞奔那自由天堂....　　　　　　　자유의 천국으로 날아가고 싶다...

Zuòzhě　Yìmíng
作者: 佚名

저자: 무명

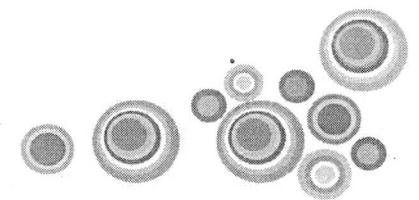